Dr. Inge Hofmann

Faulheit ist das halbe Leben

Dr. Inge Hofmann

Faulheit ist das halbe Leben

Wer langsam lebt, bleibt lange jung

Das biologische Gesetz der Energie

Mosaik

Inhalt

Energie

des

- der Sprit

Lebens

Haben Sie das auch schon erlebt: Zwei Menschen feiern den gleichen Geburtstag, doch man hat den Eindruck, es liegen Jahre, wenn nicht gar Jahrzehnte zwischen den beiden. Während der eine noch jugendlichen Elan versprüht, erscheint der andere bereits senil und gebrechlich. Und genau so verhält es sich biologisch: Ein gleicher Geburtstag bedeutet noch lange nicht gleiches Lebensalter. Das tatsächliche biologische Alter entspricht nicht unbedingt der Anzahl der gelebten Jahre.

Energie und Lebensdauer

Woran liegt das? Sind es bestimmte Pillen oder Cremes, die jung halten? Oder liegt es einfach an den Genen?
Altern und alt werden ist ein sehr komplizierter, aber ganz normaler biologischer Vorgang, der sich nicht vermeiden lässt. Doch lange leben ist nicht gleichbedeutend mit altern. Wir haben es bis zu einem gewissen Grad selbst in der Hand, ob Körper und Geist bis zum Schluss fit und leistungsfähig bleiben oder nicht. Der Alterungsprozess mit seinen unangenehmen Folgen lässt sich sehr lange hinauszögern. Die folgenden Kapitel verraten Ihnen ein geradezu verblüffend einfaches Geheimnis, wie Sie Ihre biologische Uhr zwar nicht zurückdrehen, aber doch langsamer ticken lassen können.
Die moderne Wissenschaft versteht immer besser, nach welchen Gesetzen ein Organismus altert und welche Biostoffe dabei eine Rolle spielen.

Je besser wir verstehen, nach welchen Grundgesetzen ein Organismus altert, desto wirkungsvoller lassen sich die Spuren der vergangenen Jahre vermeiden. Wissen schafft Jugend

Alternstheorien

Es gibt mittlerweile zahlreiche Theorien über das Altern:
Organtheorie: Das Individuum altert, sobald einzelne Organsysteme, wie das Immun- oder Hormonsystem, ihre Leistungsfähigkeit einbüßen. Das individuell schwächste Organ bestimmt den Todeszeitpunkt.
Verschleißtheorie: Sie besagt, dass der Gebrauch von Organen, Muskeln etc. letztlich zu Abnutzung und Verschleiß und so zum Altern und Sterben des Organismus führen muss.
Reparaturtheorie: Sie beruht auf der Tatsache, dass Enzyme Schäden beheben, die das Erbgut der Zellen ständig erleidet. Die Effektivität dieser Enzyme könnte mit dem Alter abnehmen, wodurch vermehrt Fehler im Erbgut auftreten und die Funktion einer Zelle stören würden.
Fehlertheorie: Man geht davon aus, dass die Leistung der Enzyme einer Zelle im Lauf des Lebens generell abnimmt, wodurch der gesamte Stoffwechsel aus den Fugen geraten könnte.
Katastrophentheorie: Diese geht über die Fehlertheorie hinaus und besagt, dass durch die Zunahme von Fehlinformationen und sich daraus ergebenden Fehlleistungen im Erbgut und in der Syn-

these von körpereigenen Stoffen die Reparaturfähigkeit und die Toleranz des Organismus überschritten werden. Daraus entstehen Tod und Altern.

Radikaltheorie: Man glaubt, Zellen altern, weil sie atmen. Bei der Energiegewinnung der »heutigen« Zellen entstehen vorübergehend freie Radikale, recht aggressive Sauerstoffverbindungen, die Zellstrukturen, Eiweiße oder gar das Erbgut angreifen und somit kaputt- und funktionslos machen.

Kollagenvernetzungstheorie: Die Stützsubstanz Kollagen soll nach dieser Theorie durch die mit der Lebensdauer zunehmende Quervernetzung Altern bewirken. Solche Quervernetzungen wurden auch an anderen »großen« Molekülen im Körper, wie der Erbsubstanz und Eiweißmolekülen, gefunden und führen schließlich zum Tod.

Programmtheorie: Sie führt den Alterungsprozess auf eine genetisch festgelegte Entwicklung zurück. Entweder treten mit den Jahren Alternsgene in Aktion, oder Langlebigkeitsgene, die wichtige Prozesse in den jungen Zellen steuern, fallen mit der Zeit aus.

Telomer-Theorie: Sie geht davon aus, dass die Zellen ihre Teilungsfähigkeit einbüßen, wenn die Telomere, die kurzen Endstücke der Chromosomen (Träger der Erbanlagen), eine kritische Länge unterschreiten. Dadurch ist ein wichtiger Schritt der Zellteilung, die Verteilung der Erbanlagen auf zwei Tochterzellen, nicht mehr möglich.

Altern ist ein Prozess, der sich im ganzen Körper abspielt. Viele Alternstheorien haben nur einen Aspekt dieses schleichenden Verfallsprozesses im Visier. Eine Theorie jedoch trifft die Wurzel aller Alterungsvorgänge: die Stoffwechseltheorie

Im Grunde sind all diese Theorien zutreffend, da sie jeweils einzelne Aspekte des komplexen Alterungsprozesses beschreiben. Hier wird nun eine weitere Theorie vorgestellt, die so genannte Stoffwechseltheorie, die sich einfacher und kostengünstiger in die Praxis umsetzen lässt als jedes bisherige Rezept gegen das Altern. Sie bringt geradezu alle anderen »Vorstellungen« zum Altern auf den kleinsten gemeinsamen Nenner: Demnach schlägt die innere Uhr eines Menschen nicht in den bekannten Zeiteinheiten Tag, Stunde oder Jahr, sondern in definierten Mengen von Energie, Herzfrequenz oder Atemzügen. Jedes Lebewesen kommt demnach mit einem definierten Vorrat an Lebensenergie zur Welt.

Ist dieser verbraucht, ist auch die Lebensspanne abgelaufen. Nicht Pillen oder Elixiere bremsen die Zeit aus, sondern eine energiesparende Lebensweise. Je langsamer es bei Ihnen »tickt«, desto länger leben Sie. Jeder Mensch trägt den Schlüssel für jugendliche Vitalität in sich!

Die Lebensuhr tickt in Kalorien

Es erscheint paradox: Gerade die Lebewesen, die überhaupt nichts tun, leben am längsten: Gemeint sind die trägen Reptilien, die offensichtlich keine andere Aufgabe haben, als faul in der Sonne zu liegen und dafür noch mit einem langen Leben belohnt werden. So können die Seychellen-Riesenschildkröten problemlos 180 Jahre alt werden, bei den Galapagos-Riesenschildkröten sind sogar 250 Jahre möglich. Für die Brückenechse und das Nilkrokodil sind 100 Lebensjahre und mehr ganz normal. Tragen diese Lebewesen ein geheimnisvolles Langlebigkeitsgen in sich? Altern sie anders? Wie die folgenden Kapitel zeigen, hängt das hohe Alter dieser Tiere mit ihrer Größe und ihrer faulen (!) Lebensweise zusammen.

Bereits im 18. Jahrhundert haben Forscher festgestellt, dass hektische Tiere nicht so lange leben wie träge. 1908 veröffentlichte der deutsche Physiologe Max Rubner ein Buch mit dem Titel *Das Problem der Lebensdauer und seine Beziehung zu Wachstum und Ernährung* (R. Oldenbourg Verlag, München/ Berlin, 1908) und stellte darin fest, dass »alle Tiere in das Stadium der Vollendung des Wachstums treten, nachdem sie bis dahin pro Kilo dieselbe Energiemenge verbraucht haben« (S. 204). Energie also als Messlatte der Lebensvorgänge.

In langjährigen und sehr fundierten Forschungsarbeiten hat sich der deutsche Stoffwechselphysiologe Roland Prinzinger vom Institut für Stoffwechselphysiologie der Universität Frankfurt mit dieser Stoffwechseltheorie befasst und mittlerweile erhebliche Beweise für ihre Richtigkeit gefunden.

Untersucht wurden hauptsächlich Vögel, die ein geradezu ideales Modell für die Alternsforschung sind. Von Vögeln liegt die wohl größte Datensammlung über ihr erreichbares Alter vor. Da diese Tiere gern und häufig in Zoos und Wohnungen gehalten werden, sind die Beobachtungen zur möglichen Lebensdauer in Gefangenschaft sehr zahlreich.

Gleichzeitig liefern intensive Vogelberingungen weltweit ausgezeichnetes Material für das Alter, das Vögel unter natürlichen Bedingungen erreichen können. Ferner ist auch bekannt, dass der Vogelorganismus nach den gleichen Prinzipien altert wie der menschliche Organismus und alle auch beim Menschen vorhandenen Alterserscheinungen zeigt, wie etwa Herz- und Kreislaufleiden, Bluthochdruck, Krebs, Faltenbildung etc. An Vögeln gewonnene Forschungsergebnisse erlauben also durchaus auf den Menschen übertragbare Aussagen.

Das gesamte Leben bei Tieren und Menschen lässt sich in drei klar begrenzte Abschnitte einteilen:

- Embryonalentwicklung (Embryogenese); die Zeit in der Gebärmutter oder im Ei während der Organreifung
- Jugendentwicklung (Ontogenese); die Zeit des Wachstums, und
- Erwachsenenstadium (Adultphase); das Erwachsenenstadium endet immer mit dem Tod

Diese Stadien laufen mit einer Präzision und einer Zwangsläufigkeit ab, die für biologische Vorgänge typisch ist. Man kann sich diesen Entwicklungsstufen nicht entziehen.

Lange war unklar, woher der Körper »weiß«, wann ein neuer Abschnitt beginnt, und wo das »Zählwerk« hierfür sitzt.

An Vögeln hat Professor Prinzinger nun diese drei Phasen in der Summe ihrer Lebensvorgänge, ihrer Stoffwechselbilanz, näher untersucht. Jede Lebensäußerung, zum Beispiel Atmen, Herzschlag, Verdauung etc., kostet Energie. Diese wird im Organismus selbst erzeugt. Dazu werden die Nahrungsbausteine unter Verbrauch von Sauerstoff verheizt und in Energieeinheiten umgewandelt. Diese Energie »treibt« den Körper an und ermöglicht alle Lebensäußerungen. Die Summe dieser Vorgänge nennt man Stoffwechsel. Dieser läuft bei jedem Menschen oder Tier nach den gleichen Gesetzen und Mechanismen ab.

Der Mensch ist wie eine permanent laufende Maschine. Ständig muss Energie in Lebensvorgänge, wie zum Beispiel Atmen, Laufen, Sprechen, Verdauen etc., umgewandelt werden. Dabei kommt es zu Verschleißprozessen am ganzen Körper. Je ökonomischer die Maschine Mensch »gelebt« wird, desto länger bleibt sie fit

Es ist wie bei einem Auto, das sich durch Verbrennen von Sprit fortbewegen kann. Mit einem komplizierten Messverfahren kann nun der Energieverbrauch im Körper gemessen werden.

Faulheit verlängert das Leben

Nicht die gelebten Tage oder Jahre bestimmen das aktuelle Lebensalter, sondern der Energieverbrauch. Je mehr »Arbeit« ein Körper geleistet hat, desto älter ist er in biologischer Hinsicht. Der Geburtstag ist also nur ein Maß für die Existenz eines Menschen, die abgeleistete Energie bestimmt sein wahres Alter

Professor Prinzinger hat nun untersucht, wie viel Energie in den einzelnen Lebensphasen eines Vogels umgesetzt wird, und dabei folgendes herausgefunden:

- Die einzelnen Phasen beanspruchen je nach Vogelart einen unterschiedlichen Zeitraum.

Prachtfinken bebrüten ihre Eier ca. 10 Tage – dann verlässt der Vogel das Ei. Beim neuseeländischen Kiwi beträgt die Zeit des Bebrütens dagegen 90 Tage und mehr.
Die Jugendentwicklung (Wachstumsphase) dauert im Minimum etwa 20 (bei Kleinvögeln), im Maximum etwa 300 Tage (z. B. beim Königsalbatros). Und auch das Erwachsenenleben reicht von wenigen Jahren, beispielsweise beim Zaunkönig, bis zu 80 bis 100 Jahren bei großen Greifvögeln, Rabenvögeln und Papageien.

- Die Länge dieser variierenden Zeiträume korreliert deutlich mit dem Körpergewicht.

Große Vögel haben für die einzelnen Entwicklungsstufen mehr Zeit und leben also länger als kleine Vögel.

- Mit der Körpergröße hängt eine weitere charakteristische Eigenschaft zusammen: Je schwerer (größer) ein Vogel ist, umso langsamer (träger) verläuft sein Stoffwechsel und umso langsamer laufen die Vorgänge in seinem Körperinneren ab. Ein Maß dafür ist die Stoffwechselrate (siehe Tabelle Seite 14).
- Wenn eine bestimmte Energiemenge verbraucht ist, beginnt das nächste Stadium. Über den Energieverbrauch »informiert« sich der Organismus, wann eine neue Entwicklungsstufe einzuleiten ist.

Daten von mehr als 900 Vogelarten belegen, dass unabhängig von der Dauer der Bebrütungszeit in Tagen, alle Vögel schlüpfen, wenn sie eine bestimmte, und zwar identische, Menge an Energie pro Masse verbraucht haben, nämlich rund 2 Kilojoule pro Gramm (zum Vergleich: In 1 g Zucker stecken ungefähr 20 kJ).

Auch für die Jugendentwicklung, also den Zeitraum vom Schlüpfen bis zum Flüggewerden, gilt das gleiche. Unabhängig davon, ob es sich um einen Nestflüchter, wie etwa das 20 Gramm schwere Rotkehlchen (Entwicklungszeit 15 Tage) oder um einen Nesthocker, wie zum Beispiel den 15 Kilogramm schweren Höckerschwan (Entwicklungszeit 120 Tage), handelt, die Jugendentwicklung ist immer dann abgeschlossen, wenn rund 20 Kilojoule Energie pro Gramm Körpermasse verbraucht sind. Ähnliches gilt auch für das Erwachsenenstadium.

Das Geheimnis der Langsamkeit: Je träger und damit langsamer ein Lebewesen lebt, desto weniger Lebensenergie verbraucht es pro Tag und desto länger lebt es

- Untersucht man den Gesamtumsatz bezogen auf ein Gramm Gewicht eines Vogels während seines ganzen Lebens und setzt diesen Wert in Beziehung zu der Lebensdauer des jeweiligen Vogels, so erhält man ein überraschendes Ergebnis: Alle Vögel verbrauchen in ihrem Leben ungefähr die gleiche Energiemenge pro Gramm Gewicht, rund 2 500 Kilojoule.

Die Lebensdauer ist in Energieeinheiten gemessen bei allen Vögeln gleich groß; physiologisch gesehen werden also alle Vögel gleich alt. Ein Zaunkönig verlebt in seinem vierjährigen Dasein genauso viel Energie wie der Graupapagei in 80 Lebensjahren.

Unterschiede ergeben sich nur, wenn man die Lebensdauer mit einem anderen Messinstrument misst, nämlich mit einer Uhr oder einem Kalender.

- Das Ergebnis: Je schwerer ein Organismus ist, desto niedriger ist seine Stoffwechselrate, desto langsamer laufen die Prozesse im Körper ab, desto älter wird das Tier (siehe Tabelle Seite 14). So erreicht ein Winzling wie das Goldhähnchen mit 5 bis 6 Gramm Körpermasse unter günstigen Umständen ein Alter von 5 bis 6 Jahren, während Großvögel 50 bis 80 Jahre leben können.

Greifvögel, Rabenartige und Papageien werden im Vergleich zu ebenso großen anderen Vogelarten besonders alt. Sie zeichnen sich in der Regel durch eine besonders ruhige Lebensweise und folglich eine niedrige Stoffwechselrate aus.

Und hier liegt eines der großen Geheimnisse des Lebens: Wie später noch erläutert wird, sprechen sehr viele Indizien dafür, dass das Stoffwechseltempo das erreichbare Lebensalter und die Alterungsprozesse bestimmt. Wer langsamer lebt, verschleißt seine biologischen Strukturen nicht so schnell. Dieses neue biologische Grundgesetz scheint für alle Lebewesen, also auch den Menschen, zu gelten.

Stoffwechselrate und Gewicht verschiedener Lebewesen

Die Stoffwechselrate ist ausgedrückt in Joule/Gramm x Stunde

Tier	Körpergewicht	Stoffwechselrate (Maß für Tempo der Lebensvorgänge)
Kolibri	2 g	200
Fink	20 g	66
Maus	40 g	34
Ratte	200 g	20
Hund	15 kg	7,2
Kuh	800 kg	2,4
Elefant	7 t	1,4
Blauwal	170 t	0,3

Aus diesen Ergebnissen folgt: Ein Organismus lebt umso »schneller«, je niedriger sein Körpergewicht ist. Diese Eigenschaft ist das heißeste Geheimnis der Langlebigkeit.

Das Geheimnis des Alterns

Jeder kann es beobachten: Altern ist ein Abnutzungsprozess. Warum manche Menschen schneller verschleißen als andere, erklärt die Stoffwechseltheorie

Rein biologisch erscheint das Altern als eine natürliche Abnutzungserscheinung, der das biologische System über kurz oder lang nicht mehr gewachsen ist und das deshalb abstirbt. Diese Abnutzungstheorie erscheint jedem Laien plausibel und wird auch von vielen Wissenschaftlern vertreten. Sie ist auch leicht nachvollziehbar, da diese Theorie die eigenen laienhaften, aber richtigen Beobachtungen zum Altern geradezu in idealer Weise bestätigt: Falten im Gesicht, graue Haare am Kopf oder nachlassende Kondition – der Körper scheint einem unerbittlichen Verfallsprozess zu unterliegen.

Dass jedoch Altwerden etwas mit dem Energieverbrauch zu tun haben könnte, ist den meisten Menschen eher fremd.
In der Technik ist es dagegen schon lange üblich, das Alter von Maschinen, Flugzeugen, Autos und dergleichen nicht in Tagen, Monaten oder Jahren zu messen, sondern danach, welche Leistung erbracht wurde. Bei manchen Automobilen werden die Wartungsintervalle durch einen integrierten Computer bestimmt.
Diese Bordcomputer messen wie bei Flugzeugen, wie viel beschleunigt, in welchem Gang gefahren wird, wie viel Leistung abverlangt wurde usw., und sie richten die Wartungsintervalle danach aus und nicht nur nach den Kilometern, die ja sehr unterschiedlich zusammenkommen können.
Ein Auto, mit dem 100 000 Kilometer auf der Autobahn zurückgelegt wurden, kann erheblich jünger sein als ein Pkw, der 20 000 Kilometer nur im Stadtverkehr gefahren ist. Bei Flugzeugen ist dieses Altersbestimmungsverfahren seit sehr langer Zeit üblich. Es entspricht auch viel mehr der Logik einer Altersangabe, danach zu fragen, wie viel ein Gegenstand oder ein Organismus an Arbeit geleistet hat, als danach, wie viele Jahre er schon existiert.
Die Haltbarkeit eines Gegenstands wird bei seiner »Entstehung« durch die Qualität seines Materials festgelegt. Das Material bestimmt, wie viel »Arbeit« ein solcher Gegenstand maximal leisten, wie viel »Energie« er verbrauchen kann. Man denke nur an Haushaltsgeräte wie eine Waschmaschine, Geschirrspüler oder Staubsauger. Kein Gebrauchsgegenstand »lebt« ewig. Das gilt auch für die belebte Natur.
Jedes Lebewesen kommt mit einem gewissen Energievorrat auf die Welt. Mit der Geburt beginnt eine Uhr zu ticken, die erst dann zum Stillstand kommt, wenn diese Energiemenge durch Arbeitsleistung des Organismus umgesetzt ist (Unfall oder schwere Krankheit einmal ausgeschlossen). Diese Energiemenge bestimmt die »Haltbarkeit« der biologischen Strukturen. Ist die Energie durch die Lebensvorgänge verbraucht, ist der Tod die unausweichliche Folge. Der Mensch ist also ein Einwegprodukt mit Verfallsdatum.

Der Mensch ist wie ein Auto: Je höher das Tempo, desto größer der Verschleiß. Dadurch schafft die Natur Platz für »Nachfolgemodelle«

Das Tempo, mit dem die Lebensvorgänge in einem Organismus ablaufen, entscheidet darüber,

- wie alt wir werden,
- wie schnell der Körper verschleißt.

Vergessen Sie also Ihr Geburtsdatum, hören Sie auf, Jahre zu zählen – das ist völlig unwichtig. Leider kann man den Energieverbrauch eines Körpers nicht so bequem messen wie die verstrichenen Jahre. Doch spüren Sie in Ihren Körper hinein: Fühlen Sie sich vital und energiegeladen, dann ticken Sie in puncto Energieverbrauch vermutlich richtig. Fühlen Sie sich ausgebrannt und leer, dann müssen Sie »neu eingestellt werden«.
Mehr dazu in den folgenden Kapiteln.

Vergessen Sie Ihr Geburtsdatum, es sagt nichts über ihr wahres Alter aus. Sehen Sie lieber nach, ob Ihr Körper schon übermäßige Abnutzungserscheinungen zeigt, und fangen Sie sofort an, Energie zu sparen. Dann bleibt der Zeiger Ihrer Lebensuhr lange auf »Jugend« stehen

Das Stoffwechseltempo (die Stoffwechselrate) ist ein sehr persönlicher Wert, der durch die folgenden Faktoren beeinflusst wird:

- Gene: Sie legen die Grundparameter jedes Individuums fest, innerhalb derer sich das Tempo der Lebensvorgänge einpendeln kann.
- Lebensstil: Er entscheidet darüber, mit welchem Tempo ein Mensch innerhalb seines genetischen Käfigs tatsächlich lebt.
- Gesundheitszustand: Es gibt Krankheiten, die das Stoffwechseltempo beschleunigen, wie etwa Schilddrüsenleiden, oder drosseln, wie beispielsweise psychische Erkrankungen oder Bettlägerigkeit, Rollstuhl etc.

Dadurch ergeben sich die individuellen Todeszeitpunkte.

Alle Menschen werden gleich alt

Grundsätzlich schlummert in jedem Menschen (Lebewesen) das Potential, sein biologisches Maximalalter zu erreichen.
Betrachtet man das Leben nicht als eine Kette von Tagen und Jahren, sondern als ein Verbrauchen von Energie, so fällt die Bilanz

geradezu verblüffend einheitlich aus: Jedem Lebewesen steht die Energie von etwa 2500 Kilojoule pro Gramm Körpergewicht zum Leben zur Verfügung. Ist sie verbraucht, ist das Leben zu Ende. In der richtigen Einheit gemessen, leben alle Menschen (und Tiere) gleich lang – eben bis die Lebensenergie verbraucht ist! Laut Statistik ist dies eine Spanne von 110 bis 125 Jahren.
An diesem Wert dürfte sich seit Jahrtausenden nichts geändert haben. Er ist auch durch menschliche Aktivitäten nicht beeinflussbar (wie bei jedem biologischen Parameter gibt es hier natürlich auch Ausnahmen).
Was der dafür verfügbare Energievorrat tatsächlich bedeutet, sollen Zuckerwürfel ganz grob verdeutlichen. Wenn ein Organismus pro Gramm Körpermasse den Energieinhalt von etwa 35 Zuckerwürfeln umgesetzt hat (das sind rund 2500 Kilojoule pro Gramm), ist die Lebensspanne abgelaufen.
Dieser Wert gilt für die meisten tierischen Lebewesen und den Menschen. Er ist von der Natur vorgegeben.
Es ist ähnlich wie bei einem Auto: Seine Lebensdauer richtet sich zum einen nach dem Modell: Ein Luxusmodell aus hochwertigen Materialien »lebt« länger als eine Sparvariante. Zum anderen bestimmen die zurückgelegten Kilometer und auch der Fahrstil, ob ein Fahrzeug schneller oder langsamer verschleißt.
Diese Erkenntnis lässt sich nun für den Menschen in anschauliche Parameter des Körpers umrechnen. Jeder Vorgang im Körper kostet Energie: Die Verdauung, der Herzschlag, das Atmen, Emotionen wie Freude oder Weinen, kurz, alle Lebensäußerungen brauchen eine Kraft, die sie antreibt und erst ermöglicht. Diese Kraft ist eine Eigenschaft, die quasi in den biologischen Strukturen selbst steckt und deren »Qualität« bei der Geburt festgelegt wird. Wer also seine biologischen Strukturen, seinen Körper, richtig stresst, der verbraucht seine Lebensenergie rascher als ein Mensch, der seine Ressourcen schont.
Wie bei einem Auto korreliert dieser Energieverbrauch mit bestimmten »Leistungen« des Körpers. Die Tabelle auf Seite 18 zeigt die Zahl der Herzschläge, Schlafzyklen oder Atemzüge, die im Durchschnitt nicht überschritten werden und den Endpunkt einer maximalen Lebensspanne markieren. Entsprechendes gilt

So bleiben Sie lange jung:
- Sie haben von Natur aus einen «hochwertigen» Körper durch gute Gene
- Sie beherrschen die Gesetze des Energiesparens und leben im richtigen Tempo

für jede Leistung des Organismus. Jeder Vorgang im Körper kann nur mit einer begrenzten Häufigkeit ausgeführt werden:

- Denken Sie von jetzt an also daran, wie viel mehr Atemzüge Sie tun, wenn Sie sich (unnötig) aufregen, Angst haben oder exzessiv Sport treiben.
- Beachten Sie, wie viele überflüssige Muskelbewegungen oder Wimpernschläge Sie tun, wenn Sie unter Stress stehen.
- Überlegen Sie, wie viel Mehrarbeit »falsches« Essen für Ihren Magen und Darm bedeutet.
- Ersparen Sie Ihrem Körper unnötige Entgiftungsarbeiten, zum Beispiel indem Sie das Rauchen aufgeben, Schadstoffe meiden oder weniger Alkohol trinken.
- Bedenken Sie, dass Schlafen keine Zeitvergeudung ist, sondern Lebensenergie spart.

An diesen Punkten können Sie erkennen, wie sich die persönliche Lebensweise auf das individuelle Altern auswirkt.

Wie lange lebt ein Mensch?

Lebenszyklus	1
Atemzyklen	200 000 000
Darmkontraktionen	300 000 000
Herzschläge	1 000 000 000
Wimpernschläge	20 000 000 000
Energieumsatz 2 500 k/g	

Die Lebensdauer eines Menschen lässt sich recht anschaulich in der möglichen Anzahl physiologischer Vorgänge im Körper ausdrücken. Entsprechende Werte lassen sich für jeden Vorgang im Körper angeben. Kein Prozess in einem Organismus kann unendlich oft wiederholt werden.

Fazit: Fahren Sie Ihren Tank an Lebenssprit einfach nicht so schnell leer! Gehen Sie dosiert mit diesem Fluid des Lebens um! Dazu brauchen Sie keine teuren Pillen und Pülverchen; es reicht aus, den Lebensstil auf ein Energiesparprogramm umzustellen. Energiesparende Lebensweisen sind einfach und billig. Nach einiger Zeit läuft die biologische Uhr automatisch langsamer. Sie bleiben dadurch länger jung und vital und gewinnen überdies Lebensjahre. Da die Art, durchs Leben zu gehen, eine ganz persönliche ist, entscheidet letztlich jeder Mensch selbst über den

Gang seiner Lebensuhr. Es ist tatsächlich möglich, durch eine entsprechende Lebensweise den eigenen Alterungsprozess zu bremsen und hinauszuzögern. Wenn Sie den Takt Ihrer biologischen Uhr verlangsamen, werden Sie sich nicht nur jünger fühlen und so aussehen, Sie gewinnen gleichzeitig auch ein Plus an Gesundheit und Fitness. Wird der Körper nämlich nicht im Dauerlauf durchs Leben gehetzt, so dankt er dies zusätzlich mit einer erhöhten Widerstandskraft und Resistenz gegenüber Krankheiten. Ein behutsamer Umgang mit den eigenen Ressourcen ist der beste und von Natur aus in jeden Menschen einprogrammierte Jungbrunnen. Nutzen Sie also Ihren natürlichen Jungbrunnen!

Altersrekorde – und kein gemeinsames Rezept

Die höchste Lebenserwartung weltweit haben die Japaner. Sie liegt (im Mittel) für Männer und Frauen bei derzeit 79,6 Lebensjahren. Platz zwei nimmt Deutschland mit rund 76,2 Jahren ein. Die durchschnittliche Lebenserwartung (zu unterscheiden vom biologisch möglichen Höchstalter) hängt eindeutig von den Lebensbedingungen in einem Land ab. Danach rekrutiert sich auch der Klub der Hundertjährigen. Und hier liegt Deutschland an erster Stelle: Von einer Million Bürger sind 45 100 Jahre oder älter. Platz zwei belegen die Japaner: Hier kommen auf eine Million Bürger 28 Hundertjährige. Nirgendwo auf der Welt sind also die Bedingungen für ein langes Leben so gut wie in Deutschland! Setzen Sie dieses Plus also nicht durch Energieverschleiß aufs Spiel!

Die durchschnittliche Lebenserwartung hängt von Ihrem Wohnort ab. Doch dieses Plus der äußeren Umstände kann durch eine hektische Lebensweise auch wieder zunichte gemacht werden

Fragt man die Superoldies nach ihren Altersrezepten, so hat jeder seine persönliche Devise.

Als ältester Mensch, der tatsächlich je gelebt haben soll, gilt der in der argentinischen Provinzhauptstadt Viedma geborene Armando Frid, der im Alter von 124 Jahren starb. Er führt sein langes Erdendasein auf harte Feldarbeit und den regelmäßigen Genuss eines großen Steaks und das Trinken des von Gauchos bevorzugten bitteren Tees zurück.

Sehr alt wurde auch John Evens aus Wales. Er starb am 10. Juni 1990 114-jährig in Swansea (England). Der frühere Bergmann war fest davon überzeugt, dass er sein langes Leben seiner gesunden Lebensweise verdankte. Er habe nie geraucht, nicht getrunken, nicht gespielt und nicht geflucht. Jeden Morgen habe er ein Glas heißes Wasser mit etwas Honig getrunken.
Die älteste Japanerin war im Jahr 1999 Kamato Hongo mit 112 Jahren. Über ihre Lebensweise ist nichts bekannt.

Superoldies haben meist sehr individuelle Erklärungen für ihr hohes Alter. Fazit: Jeder Mensch ist ein Individuum und altert anders - eben im Rahmen der eigenen Gene

Der älteste lebende Chinese soll 1997 seinen 146. Geburtstag gefeiert haben. Herr Gong Leifa sei bei guter Gesundheit, trinke jeden Tag etwas Reiswein und rauche Zigaretten.
In den USA sind im Lauf der Jahre verschiedene Zahlen aufgetaucht, die Altersrekorde dokumentieren sollen. 1971 soll Sylvester Slave Magee im Alter von 130 Jahren gestorben sein. Er wurde 1841 auf einer Plantage in North Carolina geboren und arbeitete dort als Sklave. Über 135-jährig wurde angeblich Charly Smith (1979), ebenfalls ein Schwarzer. Er soll am 4. Juli 1844 in Liberia geboren sein, von wo aus er 1854 als Sklave in die USA gebracht wurde. Er rauchte gelegentlich und trank auch gern einen Whisky. Mr. Smith überlebte drei Frauen und wurde noch als 135-jähriger erfolgreich operiert.
Während die meisten Altersrekorde durch das Fehlen glaubwürdiger Geburtsurkunden eher zweifelhaft sind, konnte eine Europäerin ihr Alter exakt belegen: Jeanne Calment aus Arles/Südfrankreich. Sie starb 1997 mit 122 Jahren und hatte in ihrem Leben 21 Staatspräsidenten und drei Republiken erlebt! Während viele alte, aber bedeutend jüngere Menschen meist nur noch ein Schatten ihres früheren Selbst sind, war die zierliche Französin bis zum Ende recht vital, verfügte über einen gesunden Appetit, schlief gut und vertrug Temperatur- und Wetterschwankungen bestens. Mit 90 fuhr sie noch Fahrrad, und mit 110 machte sie täglich Gymnastik, um gelenkig zu bleiben.
Auch ihr Gedächtnis war verblüffend; sie konnte sich an viele Details aus ihrer Vergangenheit erinnern und überraschte häufig mit ihrer Schlagfertigkeit und ihrem Humor. So wurde sie im Alter von 119 Jahren von einem Reporter interviewt, der die Hoffnung ausdrückte, sie nächstes Jahr wieder zu sehen. Die Hochbetagte

meinte dazu nur: »Warum nicht, Sie scheinen ja noch ganz rüstig zu sein.«
Die Französin hatte vermutlich gute Gene in die Wiege gelegt bekommen: Ihr Vater war mit 93, ihre Mutter mit 86 gestorben. Wahrscheinlich trug auch ihre gelassene (energiesparende!) Lebensweise zu dem Altersrekord bei. Sie war begeisterte Jägerin, wanderte , spielte Tennis und tat viel, um sich fit und gesund zu halten. Sie ging ferner gern in die Oper und ins Theater und war äußerst wissbegierig. Mit ihrem Mann kam sie immer großartig aus und konnte schöne Momente bewusst genießen.
Für die Forscher ist dieses außergewöhnlich lange Leben ein Rätsel, für die Hochbetagte dagegen war die Erklärung einfach: »Der liebe Gott muss mich vergessen haben.«
Die originellste Begebenheit: Im Alter von 90 Jahren (1965) verkaufte Jeanne Calment ihre Wohnung auf der Basis einer Leibrente. Der neue Besitzer, ein Notar, witterte ein Schnäppchen, rechnete aber nicht mit der Langlebigkeit der Französin: Er musste ihr monatlich 2500 Francs (rund 800 Mark) zahlen. Der Notar starb, seine Kinder mussten weiter löhnen.

Lange leben bedeutet nicht Verzicht: Wer seine Tage bewusst genießt, ohne in Extreme zu verfallen, stellt seinen inneren Motor optimal ein und vergeudet keine unnötige Energie

Energiemangel und Krankheit

Der Stoffwechsel ist die Summe aller Lebensvorgänge, die einen Menschen existieren lassen. Aus der zugeführten Nahrung und dem eingeatmeten Sauerstoff der Luft werden in einer Fülle komplizierter chemischer Reaktionen in den Zellen des Körpers die verschiedensten Bau- und Betriebsstoffe hergestellt, die ein Mensch (Tier) braucht, um leben zu können.
So muss beispielsweise dafür gesorgt werden, dass stets eine konstante Körpertemperatur herrscht, funktionslose oder beschädigte Zellen ständig erneuert werden, Hormone und Botenstoffe in ausreichender Menge im Blut kreisen, Abfallstoffe entsorgt und durch die Alltagsaktivitäten entleerte Energiespeicher wieder aufgefüllt werden. Kurz: Aus den zugeführten Stoffen bildet der

Körper all das, was er braucht, um vom bloßen Organismus zum lebendigen Menschen zu werden. Dafür müssen bestimmte »Betriebsparameter« eingehalten werden, zum Beispiel Temperatur und Durchblutung der verschiedenen Organe, Säuregrad des Blutes, Konzentration an Vitaminen, Mineralien, Fett, Zucker usw. in den Geweben.
Laufen alle Stoffwechselvorgänge geordnet und in richtigem Umfang ab, stimmen also die »Betriebsparameter«, so ist dieser Zustand mit körperlicher und seelischer Gesundheit, Wohlbefinden und jugendlichem Schwung verbunden.
Damit das so bleibt, muss die tägliche Energiebilanz stimmen. Nur wer seinen Organismus »im richtigen Gang« fährt, schont seine eigenen Strukturen, bleibt gesund und lebt lange.

Vorsicht vor Energiemangel, er bedroht Ihr Leben! Wer kräftemäßig immer am persönlichen Limit lebt, fördert den vorzeitigen Verschleiß seines Körpers. Wer dagegen immer im »richtigen Gang fährt« schont seinen Organismus und bleibt lange jung

Dafür gibt es drei Voraussetzungen:

- Der richtige Sprit, das heißt, die richtigen Nahrungsmittel müssen zugeführt werden.
- Sauerstoff muss für eine optimale Verbrennung reichlich vorhanden sein.
- Der Stoffwechsel muss im Lot sein.

Wenn der Energiegewinnungsprozess gut klappt, ist dies im ganzen Körper zu spüren. Es steht permanent Energie zur Verfügung, sowohl für die aktiven Tätigkeiten als auch für die Stoffwechselvorgänge als solche. Außerdem ist der Verbrauch an Lebensenergie optimal, der »Motor« ist gut eingestellt.
Arbeitet nun die innere Energiefabrik nicht mehr ausreichend, so gleitet der Organismus ganz langsam in einen Krankheitszustand:

- die Zellen »ticken« nicht mehr richtig.
- Fehlfunktionen von einzelnen Organen bis zu hin zu kompletten Funktionsausfällen treten auf. Die Symptome können unangenehm und ganz ähnlich wie bei Stress sein: Kopfschmerzen bis hin zu Migräneanfällen, Stauungen des Blutflusses, Bildung von Ödemen, erhöhte Empfindlichkeit der Seh- und Hörnerven (Licht- und Lärmempfindlichkeit), Herzrhythmusstörungen oder erhöhter bzw. niedriger Blutdruck, Störungen der Nervensensi-

bilität und damit erhöhte Reizbarkeit und Unkonzentriertheit, Schwindelgefühle sowie Verdauungsstörungen.

Es ist somit von entscheidender Bedeutung, einen Energiemangel im Körper zu bekämpfen bzw. gar nicht erst entstehen zu lassen. Ein solcher Zustand kann sich aber bei jedem Menschen im täglichen Leben einstellen. Die folgenden Kapitel zeigen, wie Sie sich davor schützen.
Ein gut funktionierender Stoffwechsel erhält nicht nur die Gesundheit, er bewahrt den Organismus auch vor altersbedingtem Verschleiß und Abbau. Der Stoffwechsel ist also die Quelle der Jugend!

Ein langes

Energie

Leben durch sparen

***Der Jungbrunnen der Natur:** Wer lange leben möchte, muß mit seiner Lebensenergie bewusst haushalten. Der Lohn sind nicht nur viele Jahre, sondern bessere Gesundheit, gutes Aussehen und mehr Wohlbefinden. Jeder kann das schaffen, fangen Sie gleich damit an!*

Der Motor des Lebens

Dass die biologische Uhr tatsächlich nicht in den gängigen Einheiten von Tagen oder Stunden tickt, sondern die Energieeinheit Kalorie bzw. Joule die Zeitwährung des Lebens ist, belegen nicht nur die Vogeldaten, sondern auch Untersuchungen an den verschiedensten Lebewesen.
Dieses Geheimnis von Leben und Altwerden lässt sich praktisch durch den ganzen Stammbaum der Lebewesen und damit auch für den Menschen bestätigen. Es ist auch für einen Laien und ohne Angabe der zugrundeliegenden Stoffwechseldaten leicht verständlich.

Einzeller (z. B. Bakterien, bestimmte Algen und Pilze) leben nur halb so lang, wenn man durch Temperaturerhöhung des Wassers ihren Stoffwechsel anheizt. Umgekehrt verlängert eine Abkühlung ihre Lebensspanne.
Beim Schleimpilz *Dictyostelium* hat man festgestellt, dass er ziemlich genau tausend Bakterien frisst und sich dann teilt, also eine neue Generation bildet. Diese Nahrungsmenge entspricht natürlich auch einer definierten Stoffwechselrate.

Fische erreichen im Vergleich zu ihrer Körpergröße ein erstaunlich hohes Alter. Am ältesten werden Karpfen, etwa 70 bis 100 Lebensjahre. Er ist typischerweise ein träger, energiebewusster, also wenig aktiv lebender Fisch. Der Stör soll sogar bis zu 150 Jahre alt werden. Selbst sehr alte Fische können sich dabei noch fortpflanzen. Dornhaie aus warmen Regionen (hoher Stoffwechsel) werden etwa 30 Jahre alt. Die gleiche Gattung aus kalten Meeresgebieten (niedrige Stoffwechselrate) hat dagegen eine Lebenserwartung von bis zu 70 Jahren. Innerhalb von Tiergruppen leben solche Arten, die kaum oder nur wenig aktiv sind, wesentlich länger als solche, die ständig in Aktion sind. Ein frei schwimmender und damit aktiver Tintenfisch, wie etwa ein Loligo, lebt nur etwa sechs bis acht Jahre. Die wie die Tintenfische zu den Weichtieren gehörende, gleich große, aber festsitzende und daher praktisch inaktive Teichmuschel bringt es dagegen auf 20 bis 30 Jahre.
Amphibien, kriechende, teils im Wasser, teils auf dem Land lebende Wirbeltiere wie Lurche, Frösche, Salamander etc. werden im

Vergleich zu warmblütigen Tieren (Vögel, Säugetiere) recht alt. Wie die Fische sind sie typische Kaltblüter, die ihre Körpertemperatur der Umgebungstemperatur mehr oder weniger gut anpassen können. Da die Umgebungstemperatur meist deutlich unter der Körpertemperatur von Warmblütern liegt (36 bis 44 °C), ist auch ihr Stoffwechsel sehr viel niedriger. Er liegt bei Kaltblütern im Mittel bei etwa einem Zehntel des Wertes von Warmblütern. Ganz grob gerechnet ist umgekehrt auch ihre Lebensspanne um gerade diesen Faktor, also zehnfach, erhöht. Über das Alter von Amphibien ist relativ wenig bekannt. Gesichert ist jedoch eine Abhängigkeit zwischen Umgebungstemperatur und Lebensalter. So leben tropische Arten (die hohe Umgebungstemperatur bedingt einen hohen Energieumsatz im Körper) weniger lang als ihre Verwandten aus kalten oder gemäßigten Regionen (niedrige Umgebungstemperatur bedingt einen niedrigen Energieumsatz). In Höhlen lebende Arten (hier herrschen ebenfalls niedrige Umgebungstemperaturen sowie eine sehr beschränkte Nahrungsversorgung vor) haben die höchste Lebenserwartung; der Grottenolm beispielsweise wird 40 bis 60 Jahre.

Reptilien, kriechende Landwirbeltiere also, wie zum Beispiel Schildkröten, Schlangen, Echsen etc., halten den Altersrekord. Sie sind in der Mehrzahl noch echte Kaltblüter und haben einen im Vergleich zu Säugetieren und Vögeln sehr niedrigen Stoffwechsel. Sie erreichen ein geradezu traumhaftes Alter: mindestens 180 Lebensjahre für die Seychellen-Riesenschildkröten. Von Galapagos-Riesenschildkröten sind Altersspannen bis zu 250 Jahren dokumentiert. Die Lebensdauer der Reptilien hängt wie bei anderen Arten stark von ihrer Aktivität ab. Charakteristischerweise ist das älteste Reptil gleichzeitig auch das größte und trägste. Es können aber auch sehr kleine Schildkröten sehr alt werden. Die griechische Landschildkröte wird über 100 Jahre alt, die europäische Sumpfschildkröte mindestens 70 und die Geier-schildkröte 58 Jahre.

Große faule Tiere leben am längsten, Winzlinge oder Hektiker sterben früher. Auch kaltes Wasser wirkt lebensverlängernd

Doch die wahren Methusalems auf der Erde sind die Bäume. Auch sie sind Lebewesen mit einem Stoffwechsel, der mit einigen Ausnahmen nach den gleichen Grundprinzipien wie beim Menschen abläuft. Für eine Gruppe von Pflanzen, die polykarpen (wiederholt blühende und fruchtende) Pflanzen, ist teilweise ein Alter von 4900 bis zu 5600 Jahren normal. Der älteste bekannte Baum dürfte eine Borsten- oder Grannenkiefer *(Pinus aristata)* in Kalifornien sein; sie steht seit 4600 Jahren an ihrem Platz! Im Januar 1995 soll Zeitungsberichten zufolge im australischen Tasmanien ein noch älterer Baum (eine Pinie) gefunden worden sein, dessen Alter auf mindestens 10000, vielleicht sogar 30000 Jahre geschätzt wird. Damit wäre diese Pinie der älteste bekannte Organismus der Erde. Auch wenn solche Bäume von den Spuren der Jahre deutlich gezeichnet sind, ist ein solch langes Leben schon beeindruckend.

Die Grundgesetze des Stoffwechsels sind das Bindeglied zwischen allen Lebewesen. Das Tempo des Stoffwechsels ist ein Maß für den Energieverbrauch. Hier liegt auch das Zählwerk des Lebens

Kalorien – das Zählwerk des Lebens

Diese Untersuchungen aus der Tierwelt bestätigen einen Zusammenhang zwischen Stoffwechseltempo und Lebensdauer. Da der Stoffwechsel eines Tiers mit dem eines Menschen (bis auf geringe Ausnahmen) übereinstimmt, kann man davon ausgehen, dass diese Gesetzmäßigkeiten auch auf den Menschen übertragbar sind.
Ein schneller Stoffwechsel gehört bei manchen Organismen zur genetisch programmierten Grundausstattung im Leben, kann aber manchmal auch selbst verschuldet sein (insbesondere beim Menschen!). Der Stoffwechsel ist neben der Fortpflanzung und der Reaktionsfähigkeit auf Umweltreize aller Art die dritte grundlegende Eigenschaft, die das Leben allgemein auszeichnet. Im Gegensatz zu den beiden zuerst genannten Eigenschaften ist der Stoffwechsel für alle Lebewesen, die vom Sauerstoff leben (also aerob atmen), identisch. Zucker beispielsweise wird beim Menschen in gleicher Weise abgebaut wie etwa beim Hund oder bei der Katze, ein bestimmtes Hormon nach den gleichen Mechanismen aufgebaut. Konkret: Es gibt keinen prinzipiellen Unterschied zwischen einem Einzeller und einem Menschen auf der einen und einem Vogel oder einem Baum auf der anderen Seite. Der Stoffwechsel ist der

gemeinsame Nenner, der alle Lebewesen auf der Welt verbindet, mögen sie äußerlich noch so verschieden sein. Seine Grundprinzipien haben sich auch im Lauf der Evolution nicht geändert.

Ein derart generelles und konservatives System eignet sich sehr gut als Zählwerk für die Lebensspanne. Gezählt wird nach Energieeinheiten, also Joule oder Kalorien. Wie die Zelle diesen Zählmechanismus vollzieht, ist ungeklärt. Sie »weiß« jedoch anhand der verbrauchten Energie, wie oft ein Stoffwechselprozess abgelaufen ist und wie oft er noch ablaufen kann. In einer Art »zelleigenen Datenbank« ist auch die maximal verfügbare Energiemenge gespeichert. Das Leben ist zu Ende, wenn die Batterie leer ist. Ein Nachladen ist nicht möglich. Wer sein Leben in seiner maximalen Länge erleben möchte, muss also seine Energie sparsam einsetzen. Wie man das macht, zeigen die folgenden Kapitel.

Kleine Tiere können manchmal ihren Nachteil in puncto Lebensdauer dadurch wieder wettmachen, dass sie einige recht originelle »Energiesparprogramme« ablaufen lassen. So helfen Winterschlaf und ein energiesparender Starrezustand, die Stoffwechselaktivität zu drosseln. Denn nicht die absolute Größe eines Organismus wirkt lebensverlängernd, sondern das damit verbundene verringerte Stoffwechseltempo, die »Trägheit« also.

In der Tierwelt gibt es Energiesparprogramme: Winterschlaf und Starrezustand. Beim Menschen entspricht dies Urlaub und Mittagsschlaf

So schlafen beispielsweise Katzen als Lauerjäger bekanntlich gern und vor allem auch lang. Sie leben bis zu 25 Jahre und damit wesentlich länger als der hochaktive Hetzjäger Hund. Dieser erreicht ein Höchstalter von 15 bis 18 Jahren. Besonders kurzlebig sind solche Hunderassen, die in sehr kalten Regionen leben und einen sehr hohen Stoffwechsel als Anpassung daran (zu unterscheiden von in kalten Höhlen lebenden Amphibien!) aufweisen. Typische Beispiele sind Verwandte des Schlittenhunds, die nicht über 10 bis 15 Jahre alt werden.

Ein eindrucksvolles Beispiel aus der Insektenwelt: Der Falter mit der höchsten Lebenserwartung in unseren Breiten ist der Zitronenfalter. Er macht als einziger Schmetterling einen mehrere Wochen dauernden Sommerschlaf! Besonders alt werden also Tiere, die mit ihrer Energie sparsam umgehen. Trägheit, viel Schlaf oder auch totale Inaktivität werden mit einem langen Leben belohnt. Gilt das nun auch für den Menschen?

Jeder kann sein Leben verlängern

Wie bereits ausgeführt, liegt für den Menschen das biologisch einprogrammierte Höchstalter bei rund 120 Jahren. Der Mensch zählt damit zu den eher langlebigen Lebewesen. 120 Jahre werden aber tatsächlich nur von äußerst wenigen Menschen erreicht. Die meisten sterben früher und zu individuell unterschiedlichen Zeitpunkten.
Streicht man Unfallopfer und Tod durch schwere Krankheit aus den Sterbestatistiken, so ergibt sich ein buntes Mosaik an gelebten Jahren. Auch wenn das biologische Höchstalter vorgegeben ist, so leben die Menschen unterschiedlich lange, und das ist wie bei den Tieren eine Folge der Energiebilanz. Das zeigen nun einige verblüffende Beispiele, die die an Tieren gewonnenen Regeln bezüglich Energieverbrauch und Lebensdauer, also die Stoffwechseltheorie, bestätigen.

- Nonnen und Mönche, die in völliger Ruhe ohne Stress und ohne große körperliche Aktivität in der Abgeschiedenheit eines Klosters ein beschauliches Dasein führen, werden meist besonders alt. Biologisch gesehen brennt ihr Lebenslicht nur schwach, dafür aber lange.
- Menschen, die körperlich hart arbeiten müssen, wie insbesondere Stahlarbeiter, Bergleute etc., leeren ihre Lebensbatterie schneller als solche, die eine den Körper weniger fordernde Arbeit haben.
- Auch ein Schreibtischjob kann durch den damit verbundenen Stress in der Energiebilanz mit einem großen Minus zu Buche schlagen. Stresshormone heizen das innere Feuer kräftig an.
- Menschen, die viel schlafen, leben erwiesenermaßen länger als solche mit einem kurzen Schlafrhythmus.
- Auch Menschen, die zum Beispiel durch Krankheit oder eine Behinderung ihre Energien nicht ausleben können, leben länger. Ein unfreiwilliges Beispiel dafür ist die Amerikanerin Carrie White aus den USA. Sie wurde 119 Jahre alt, verbrachte aber

rund 75 Jahre energiesparend – meist liegend – im Krankenhaus, weil sie schwer krank war.

- Auch Hochleistungssportler zeichnen sich nicht durch ein besonders hohes Lebensalter aus. Langzeituntersuchungen in den USA haben gezeigt, dass sehr ausgeprägter, stark energiefordernder Ausdauersport die Lebenserwartung deutlich senkt. Solche Sportler verbrauchen wie die Schwerstarbeiter überdurchschnittlich viel der genetisch zugestandenen Stoffwechselenergie.

Fazit: Wer seinen Energievorrat schnell verbraucht, sei es durch eine hektische Lebensweise, exzessive Bewegung oder durch ein energieraubendes Stoffwechselleiden, wird nicht so alt wie ein Mensch, der mit seinen Ressourcen haushalten kann.
Doch man hat den Eindruck, dass die Menschen immer älter werden. Noch nie gab es so viel alte Menschen wie heutzutage. Die Zahl der Hundertjährigen steigt ständig. Gab es 1967 in Deutschland knapp 300 Menschen, die älter als 100 Jahre waren, so sind es heute bereits über 4000. Doch es hat sich nur die durchschnittliche Lebenserwartung geändert, nicht das biologische Maximalalter.
Die durchschnittliche Lebenserwartung, also die Lebensspanne, die ein Mensch unter normalen Lebensbedingungen im Mittel tatsächlich erreichen kann, ist beeinflussbar und länger geworden. Dieser Wert ist für eine bestimmte Volksgruppe mit typischen Lebens- und Umweltbedingungen charakteristisch. Die durchschnittliche Lebenserwartung hat sich im Lauf der Menschheitsgeschichte drastisch erhöht. Bessere Ernährung und Hygiene sowie Fortschritte in der Notfallmedizin haben dazu geführt, dass immer *mehr* Menschen ein hohes Alter erreichen. Genau genommen sind die Menschen also nicht immer älter geworden, es haben nur immer mehr Menschen ein hohes Alter erreicht. Die durchschnittliche Lebenserwartung ist also gestiegen.
Anders ausgedrückt: Es werden zwar heute (in Deutschland) sehr viel mehr Menschen als früher 80 Jahre alt, ihre Chancen, noch wesentlich älter zu werden, haben sich seit acht Jahrzehnten jedoch kaum verbessert.

Die Menschen werden scheinbar immer älter. Bessere Lebensbedingungen und Fortschritte der Medizin haben das durchschnittliche Lebensalter erhöht, nicht aber das biologische Maximalalter

Das Langlebigkeitsgeheimnis der Frauen

Frauen werden deutlich älter als Männer. Die Differenz beträgt rund zehn Prozent und gilt für praktisch alle Kulturkreise. Ein Blick in den Stoffwechsel verrät das Geheimnis des Mannes: Männer verbrauchen mehr Energie – und zwar etwa zehn Prozent. Die männliche Batterie wird somit schneller leer.

Zu dieser Erkenntnis gelangte man aber erst in diesem Jahrhundert. Früher war die Sterblichkeit der Frauen durch das Geburtsrisiko wesentlich höher als die der Männer, wodurch deren statistische Lebenserwartung deutlich geringer war. In einigen Ländern der Dritten Welt mit unterentwickelter Gesundheitsvorsorge und hoher Geburtenrate ist dies immer noch so.

Über die Ursache der geringeren Lebenserwartung der Männer gibt es viele Spekulationen. Bereits in der Gebärmutter sterben – oft unbemerkt – mehr männliche als weibliche Feten ab. Bei der Befruchtung beträgt das Verhältnis männliche zu weibliche Embryonen 120 zu 100, bei der Geburt ist es dann schon 100 zu 100. Also sterben 20 Prozent der männlichen Nachkommen schon vor der Geburt. Würde man die Lebenserwartung des Menschen ab der Zeugung berechnen, so würden Frauen in Deutschland statistisch gesehen sogar 16 Jahre länger leben als Männer; so beträgt die »normale« Differenz nur sechs bis sieben Jahre.

Lange wurde vermutet, der vorzeitige Männertod sei im stressigen Berufsumfeld und in der höheren Risikobereitschaft des Mannes begründet.

Tatsache ist aber, dass die Hausarbeit der Frau sehr kräfteraubend ist, vor allem wenn noch Kinder zu versorgen sind, ganz abgesehen von den Risiken und Strapazen einer Geburt. Und zunehmend sind Frauen heute einer anstrengenden Doppelbelastung von Haushalt und Beruf ausgesetzt, ohne dass die Altersdifferenz dadurch leiden würde. Im Gegenteil, sie nimmt eher noch zu.

Dann suchte man den Unterschied in der Lebenserwartung in den Genen, da die Chromosomenausstattung (Chromosomen sind Träger der Erbanlagen) unterschiedlich ist. Mann wie Frau besitzen

22 Paare identischer und ein Paar unterschiedlicher Chromosomen.

Dieses geschlechtsspezifisch unterschiedliche Chromosomenpaar, das 23., macht den Mann zum Mann und die Frau zur Frau. Aufgrund seiner »Bauweise« wird bei der Frau dieses Geschlechtschromosom als XX bezeichnet, beim Mann als XY. Das Y-Chromosom ist eine Art verkümmertes Chromosom, dem, vereinfacht ausgedrückt, »ein Arm fehlt«. Es bietet im Vergleich zum X-Chromosom weniger Speicherplatz für Erbinformationen. Defekte auf diesem verkrüppelten »Datenträger« des Mannes können nur sehr schlecht ausgeglichen werden.

So sitzen auf dem X-Chromosom viele Gene, die für das Immunsystem und damit für die Abwehr von Infektionskrankheiten verantwortlich sind. Und tatsächlich leiden Männer häufiger als Frauen an schweren Viruskrankheiten und sterben auch öfter daran. Doch solche Geschlechtschromosomen kommen auch bei anderen Säugetieren sowie bei Vögeln, Reptilien, Fischen oder sogar bei den meisten primitiven Lebensformen vor. Und dort haben häufig, etwa bei Vögeln und Reptilien, die Männchen das XX-Paar, ohne dass die geschlechtstypische Lebenserwartung anders wäre. Der biologische Grund für das längere Leben der weiblichen Individuen ist ein anderer.

Frauen sind von der Natur dafür ausgestattet, sieben oder mehr Kinder zur Welt zu bringen, was früher auch üblich war. Dafür brauchen sie nicht nur eine zähe und widerstandsfähige Konstitution, sondern auch mehr Lebenszeit, um das Überleben ihrer Kinder zu sichern (ein Mann kann theoretisch in recht kurzer Zeit sein Erbgut siebenmal oder öfter weitergeben). Vernünftigerweise hat die Natur diesen Zeitvorteil erblich programmiert und ihn nicht dem Zufall oder Verschleiß überlassen. Und dieses Erbprogramm liegt im Stoffwechsel!

Frauen werden im Durchschnitt 78,4 Jahre alt, Männer dagegen nur 71,8. Diese zehnprozentige Differenz findet sich in der Energiebilanz wieder. Der Stoffwechsel einer Frau ist genau um diese zehn Prozent langsamer als der eines Mannes. Ein Mann geht also mit mehr Power durchs Leben, bezahlt dafür aber mit Lebensjahren.

Männlichkeit kostet Lebensjahre: Das Lebenslicht eines Mannes brennt hell, aber kurz. Schuld daran ist das männliche Hormon Testosteron, das kräftig einheizt. Wenn Mann seine lodernde Fackel dimmen möchte, so hat er hauptsächlich die folgenden drei Möglichkeiten: Kastration, Heiraten oder Eintritt in ein Kloster

Schuld an dieser höheren Energiebilanz des Mannes ist hauptsächlich das Sexualhormon Testosteron, das den Stoffwechsel kräftig anheizt und Risikobereitschaft und Ehrgeiz fördert. In recht makabren Versuchen stellte sich heraus, dass kastrierte Männer bis zu 13 Jahre länger leben. Im US-Staat Arkansas waren geistig behinderte Heiminsassen entmannt worden. Tierversuche bestätigen dieses Ergebnis.
Kastrierte Kater leben im Mittel 8,1, unkastrierte nur 5,3 Jahre. Die Wirkung des Kastrierens lässt sich durch Testosterongaben wieder aufheben.

Intensives Leben – rasches Altern?

Es fällt auf, dass viele Altersleiden regelrecht Verschleißerscheinungen des Körpers widerspiegeln und praktisch immer einen Zusammenhang zum Lebensstil der früheren Jahre erkennen lassen (sofern keine genetische Disposition vorliegt):

- Osteoporose korreliert mit Ernährungsfehlern und Bewegungsmangel in jungen Jahren.
- Arthritis oder Arthrose ist ein normaler durch das Alter bedingter Verschleißprozess, dessen Ausmaß sich durch Bewegung und Vermeiden von Übergewicht in erträglichen Grenzen halten lässt.
- Arteriosklerose wird durch lebenslange Ernährungssünden (vor allem zu fett und zu viel) gefördert.

Wie man gelebt hat, bestimmt also bis zu einem gewissen Grad, wie man altert. Der Sieg gegen die Krankheiten des Alters beginnt bereits in jungen Jahren.
Eine energiesparende, die eigenen Strukturen schonende Lebensweise kann den Eintritt mancher Altersleiden um Jahre verzögern bzw. ihre Symptome mildern. Und dies ist die beste Prophylaxe, die es gibt.
Wer die alterstypischen Leiden vorzeitig (also bereits ab 40 Jahren) bekommt, hat eindeutig seinen Organismus zu sehr belastet,

also im Sinne der Stoffwechseltheorie zu hektisch gelebt (außer es liegt ein genetisch bedingtes Stoffwechselleiden vor, das vorzeitigen Verschleiß begünstigt). Es verhält sich hier ähnlich wie mit einem Haushaltsgerät, das permanent benutzt und häufig überlastet wird. Es gibt schneller seinen Geist auf als das gleiche Gerät mit schwächerer und typgerechter Auslastung.

Doch selbst die sorgfältigste und behutsamste Lebensweise kann nicht völlig vor den unangenehmen Altersleiden bewahren; zu vielfältig sind heute die (Umwelt)Einflüsse, die in einen Organismus eindringen und das innere Milieu aus dem Gleichgewicht bringen, also Stress für den Körper bedeuten. Auch findet nicht jeder Mensch Bedingungen vor, die es ihm erlauben, seine Reserven zu schonen. Außerdem sind ewige Jugend und Unsterblichkeit in der Evolution offensichtlich unerwünscht. Ein langsam fortschreitender Verschleiß ist eingeplant, um wieder Platz für besser angepasste, neue Lebewesen zu schaffen.

Wer aber die folgenden Ratschläge befolgt und seinen Lebensstil danach ausrichtet, der verfügt bereits über ein ausgezeichnetes Fundament für Gesundheit und ein langes Leben – und für den verliert das Altern mit Sicherheit seine Schrecken. Drohende oder bereits in irgendeiner Form eingetretene Beschwerden lassen sich durchaus bekämpfen bzw. lindern, allerdings nicht mit spektakulären »Jugendpillen«, sondern mit den dem Körper ureigensten Bausteinen und Methoden.

Es ist das Verdienst der Alternsforschung, herausgefunden zu haben, welche Vorgänge in einem alternden Stoffwechsel ablaufen und wo sich die Schwachstellen befinden. Allerdings ist es nicht möglich, die Lebensuhr zurückzudrehen und wieder in die Jugend »zurückzureisen«. Das dürfte wohl für immer eine Illusion bleiben.

Das Geheimnis für ein langes Leben liegt im Lebensstil: Eine typgerechte Auslastung von Körper und Geist bewahrt vor vorzeitigem Verschleiß und sichert jugendlichen Schwung bis ins hohe Alter

Aktivieren

Energie

Sie Ihre natürlichen

faktoren

In jedem Körper schlummert das Potential für ein langes Leben in jugendlicher Frische. Das gilt es zu nutzen. Wer dieses Geheimnis kennt, kann sein persönliches Altern stoppen und Extralebensjahre gewinnen.

Jeder Körper ist darauf programmiert, fit und jung zu bleiben, und verfügt hierzu über zahlreiche biologische Regelkreise und Programme. Wer den biologischen Bedürfnissen seines Organismus Rechnung trägt, wird lange leben. Die Bioprogramme der Vitalität sind keine Neuentdeckung, sondern vielmehr ureigenstes Wissen des Körpers. Die Natur hat den Menschen mit intuitiven Kenntnissen ausgestattet, die es ihm erlauben, möglichst lange zu leben. Jeder Mensch weiß genau, wie er seine Ressourcen schonen kann. Nur haben wir heute verlernt, auf die Signale des Körpers zu achten und sie in angemessene Handlungen umzusetzen. Wer hat nicht schon des Öfteren Müdigkeit mit Kaffee oder Zigaretten bekämpft? Bei wem ersetzt nicht regelmäßig der Griff zur Kopfschmerztablette den fälligen Schlaf oder Spaziergang? Wer erkennt schon in abschweifenden Gedanken das Signal für eine Pause? Es wird Zeit, sich wieder auf die elementaren Bedürfnisse des Körpers zu besinnen. Er wird es Ihnen mit Gesundheit und Wohlbefinden danken. Ein hohes Alter ist wohl nur erstrebenswert, wenn man sich gut fühlt. Ansonsten sind viele Lebensjahre eher eine Strafe als ein Geschenk.

Schlafen als biologischer Jungbrunnen

Wer regelmäßig ausreichend schläft, sichert sich ein Plus auf der Lebensuhr und sieht immer top aus. Es gibt keine bessere Verjüngungskur

Der Mensch verschläft rund ein Drittel seines Lebens. Dennoch ist diese Zeit gut angelegt: Der Schlaf ist die natürlicherweise in jeden Organismus einprogrammierte Erholungs- und Regenerationsphase, in der der Körper wieder »aufgetankt« wird. Es ist die beste Erholungsmöglichkeit für den Körper, die es überhaupt gibt! Ausreichendes Schlafen sorgt dafür, dass der Organismus nicht so schnell verschleißt und altert.

Diese nächtliche Ruhephase versorgt uns mit Kraft und Energie für den nächsten Morgen und repariert die Schäden des vergangenen Tages. Während wir schlafen, wird Gewebe erneuert, laufen Heilprozesse ab, werden Organe und Zellen mit Brennstoff versorgt und alte Zellen durch neue ersetzt. Ferner wird das Immun-

system, der Hüter der Gesundheit, wieder »nachgerüstet« und einsatzbereit gemacht.
Der Schlaf ist außerdem ein Regenerationsfluid für Gehirn und Seele, indem er sich wie ein breites Band zwischen zwei Tage legt und Abstand schafft. Ausreichendes Schlafen garantiert nicht nur körperliche und geistige Fitness, es beugt auch vorzeitigen Verschleißerscheinungen vor. Nach einem guten Schlaf fühlt man sich frisch und munter und sieht auch so aus: Die Haut ist glatter und rosiger, die Nerven sind entspannt, Krankheitsbeschwerden sind gelindert.

Schlafen Sie sich jung

Gutes Schlafen ist die beste Vorbeugung gegen vorzeitigen Verlust an Lebensenergie und das Altern. Wesentlich für den Erholungswert ist nicht nur eine ausreichende, individuell unterschiedliche Dauer von etwa sechs bis neun Stunden, sondern auch eine entsprechende Schlafqualität. Während der Nachtruhe durchlaufen wir verschiedene Schlafphasen, deren Dauer und Tiefe in den Morgenstunden abnimmt. Es wechseln sich Tiefschlaf- und Traumschlafperioden ab.
In der Tiefschlafphase ist die körperliche Regeneration sehr intensiv, das Gehirn ist ruhig. Im Traumschlaf hingegen ist das Gehirn wach und verarbeitet Tagesreize zu einem oft recht bizarren Muster. Diese Muster sind lebenswichtig. Bei Traumentzug (z. B. durch Schlaftabletten!) ist die natürliche Erholungsfunktion des Schlafs gestört. Nur wenn der Schlaf aus Traum- und Tiefschlafphasen besteht, ist er erholsam und gibt Energie für den neuen Tag.
Gesteuert wird dieser nächtliche Schlafrhythmus durch verschiedene Hormone, insbesondere das Melatonin aus der Zirbeldrüse und das Dehydroepiandrosteron (DHEA) aus den Nebennieren, ferner durch Wachstumshormone und das Nebennierenhormon Kortisol.
Melatonin ist die körpereigene Schlaftablette. Dieses Hormon wird mit einsetzender Dunkelheit (gemessen durch die Augen) ausgeschüttet und stimuliert die Schlafbereitschaft und das

Schlafen. Bei Tageslicht wird dessen Produktion wieder gestoppt, Müdigkeit und Schläfrigkeit verfliegen.

Altersbremse Melatonin?

Zahlreiche Wissenschaftler halten das zu nächtlicher Stunde von der Zirbeldrüse ausgeschüttete Hormon Melatonin für ein wirkungsvolles Elixier gegen das Altern. Und in der Tat kann das Melatonin helfen, die jugendliche Frische zu erhalten, allerdings über einen verblüffend einfachen Mechanismus. Melatonin ist die natürliche Schlaftablette des Körpers. Sie sorgt dafür, dass sich die abendliche Bettschwere einstellt und der Mensch das Bedürfnis verspürt, sich hinzulegen. Und genau dieser Zustand ist die tägliche Verjüngungskur für den Organismus schlechthin!
Guter Schlaf ist die beste Prophylaxe gegen Krankheit und schlechtes Aussehen und zugleich auch eine Art Versicherung für ein langes Leben. Bei Krankheit fördert Schlafen den Genesungsprozess.

Achtung Schlafstörungen!

Die folgenden Symptome sind ein Hinweis dafür, dass der Erholungswert der Nachtruhe eingeschränkt ist.

- Probleme beim Ein- und Durchschlafen
- Vorzeitiges Erwachen
- Schlafen wie ein »Toter« (Schlaf ohne Traumphasen) mit »gerädertem« Erwachen am Morgen
- Veränderungen des Schlaf-Wach-Rhythmus
- Häufige Erkältungen und Virusinfekte
- Konzentrationsstörungen
- Gedächtnisschwäche
- Stimmungsschwankungen
- Reizbarkeit
- Depressionen
- Symptome des chronischen Müdigkeitssyndroms
- Mangel an Elan und Kraft
- Rasche Erschöpfbarkeit

- Häufig leichte Kopfschmerzen ohne erkennbare Ursache
- Leistungsknick
- Lebensunlust
- Geistige Trägheit
- Verminderte Kreativität
- Sexuelle Unlust

Nehmen Sie solche Symptome ernst, und fahnden Sie nach den Ursachen, gegebenenfalls mit ärztlicher Hilfe! Schlechtes Schlafen kann tief greifende Auswirkungen auf Ihre Gesundheit und Ihren Lebensstil haben und kostet Lebensjahre!

Wer ständig schlecht schläft, verkürzt sein Leben und altert schneller. Lassen Sie das nicht zu. Gehen Sie zu einem guten Arzt und/oder Psychologen, um hier Abhilfe zu schaffen. Geben Sie sich erst zufrieden, wenn Ihre Nachtruhe wieder im Lot ist

Die besten Schlaftipps

Am häufigsten kommen Einschlafprobleme vor, gefolgt von Durchschlafstörungen und vorzeitigem Erwachen. Schlafstörungen sind immer ein Anzeichen dafür, dass in der äußeren und inneren Welt Umstände eingetreten sind, die den gesunden Schlaf beeinträchtigen. Man sollte diese erforschen und bekämpfen. Wenn Schlafstörungen chronisch werden, ist dies meist ein Zeichen für eine tiefe Lebenskrise. Sie sollten Anlass sein, das eigene Leben neu zu überdenken.

Die häufigsten Schlafräuber sind

- Schlechter Schlafplatz (Schlafzimmer zu laut, zu warm, zu hell oder zu kalt; Matratze zu hart oder zu weich, Wasserader bei sehr empfindlichen Menschen, schnarchender oder unruhiger Partner)
- Seelischer Stress und Probleme
- Aufregungen und Sorgen
- Zu üppiges Essen, Kaffee, Nikotin oder Alkohol zu spät am Abend
- Jetlag, Schichtarbeit oder sonst wie gestörter Tag-Nacht-Rhythmus
- Wohn- und Umweltgifte
- Elektromagnetische Felder (z. B. Fernseher, Digitaluhr, Handy etc. im Schlafzimmer)

- Zu große körperliche Erschöpfung
- Appetitzügler, koffeinhaltige Grippe- und Schmerzmittel
- Funktionelle und organische Erkrankungen von Herz, Kreislauf, Atmungs- und Verdauungsorganen (z. B. zu niedriger Blutdruck, Schlafapnoe-Syndrom etc.)
- Schilddrüsenfunktionsstörungen
- Akute und chronische Anfallskrankheiten (z. B. Epilepsie, Keuchhusten, Asthma)
- Vitamin- oder Mineralstoffmangel
- Beginnende Demenz oder Alzheimer
- Mangel an Schlafhormon (Melatonin)
- Einseitige Ernährung (insbesondere Eiweißdiäten, Trennkost)

In den meisten Fällen sind Schlafstörungen aber durch die persönliche Lebensweise verschuldet und lassen sich durch relativ einfache Maßnahmen bekämpfen. Eine krankheitsbedingte Schlaflosigkeit über einen längeren Zeitraum ist eher selten und gehört in ärztliche Behandlung.

Die folgenden Supertipps schenken Ihnen (wieder) gesunden Schlaf.

- Überprüfen Sie Ihre täglichen Gewohnheiten auf den Schlaf beeinträchtigende Umstände. Bei vielen Punkten können Sie selbst für Abhilfe sorgen.
- Achten Sie auf völlige Dunkelheit im Schlafzimmer (Rollladen, Schlafbrille). Müssen Sie nachts aufstehen, so tun Sie dies möglichst im Dunkeln oder bei geringer Beleuchtung. Jeder Lichtstrahl, der in Ihr Auge dringt, drosselt die Produktion des Schlafhormons Melatonin.
- Melatonin wird im Körper aus der Aminosäure Tryptophan hergestellt. Reichlich kommt diese in Käse, Erdnüssen, Truthahnfleisch, Rinderfilet, Hühnerei oder Milch vor. Doch erst Zuckerhaltiges sorgt dafür, dass die Melatoninproduktion so richtig auf Touren kommt. Kombinieren Sie vor allem beim Abendessen eiweiß- und kohlenhydrathaltige Nahrungsmittel, meiden Sie aber isolierten Zucker, wie etwa in Süßigkeiten, Limonaden, Gebäck etc.

• Manche Pflanzen enthalten ganz beachtliche Mengen an Melatonin. Die folgende Tabelle gibt darüber Auskunft.

Melatonin in Lebensmitteln
A: 0 bis 50 ng Melatonin/100 g essbarer Anteil
Ananas, Apfel, Apfelsine, Banane, Erdbeere, Gerste, Gurke, Kartoffel, Kiwi, Kohl, Paprika, rote Bete, Spargel, Spinat, Weintrauben, Zwiebel
B: 50 bis 100 ng Melatonin/100 g essbarer Anteil
Ingwer, Karotte, Nüsse, Rettich, Sellerie, Tomate
C: mehr als 100 ng Melatonin/100 g essbarer Anteil
Hafer, Mais, Reis
[zitiert nach R. Dubbels, Poster Nr. 12, Bremer Krebskongress, 12.-14.10.1995]

Ein schlafförderndes Abendessen sollte also insbesondere Lebensmittel aus den Gruppen B und C enthalten.
• Trinken Sie einen Schlaftee.
Frei verkäufliche Teemischungen mit schlaffördernder und beruhigender Wirkung umfassen meist Baldrian, Hopfen, Johanniskraut, Melisse und Weißdorn. Solche Kräutermischungen enthalten rund 160 bis 700 ng Melatonin in 100 g Trockengewicht, also eher homöopathische Dosen, haben aber dennoch eine schlaffördernde Wirkung.

Folgende Arzneipflanzen enthalten zwischen 170 bis 380 ng Melatonin/100 g Trockengewicht:
Bärlauch *(Allium ursinum)*
Baldrian *(Valeriana officinalis)*
Johanniskraut *(Hypericum perforatum)*
Ringelblume *(Calendula officinalis)*
Lapachobaum *(Tabebuia avellanedae)*
[zitiert nach R. Dubbels, Poster, a.a.O.]

Ein warmer Tee aus diesen Kräutern, eine Stunde vor dem Schlafengehen getrunken, erhöht nachweislich die Einschlafbereitschaft. Daneben enthalten diese Heilpflanzen noch weitere Inhaltsstoffe, die ein überreiztes vegetatives Nervensystem beruhigen und so nächtliche Ruhe schenken.

- Ein ganz hervorragendes Schlafmittel ist Magnesium. Es dämpft Nervosität und Erregbarkeit und schenkt so angenehmen Schlummer. 100 bis 200 mg, eine halbe Stunde vor dem Schlafengehen eingenommen (am besten als in Wasser aufgelöste Brausetablette), wirkt oft Wunder.
- Gehen Sie täglich eine halbe Stunde spazieren, oder betreiben Sie eine Sportart im Freien – am besten in der Sonne, aber auch bei bewölktem Himmel. Nur wenn die Augen einen deutlichen Unterschied zwischen der Helligkeit des Tages und dem Dunkel der Nacht wahrnehmen können, kommt die Bildung des Schlafhormons in Gang.

»Dressieren« Sie Ihre Schlafhormone: Pflegen Sie abends ein Ritual vor dem Zubettgehen. Legen Sie sich möglichst um die gleiche Zeit schlafen, und vermeiden Sie Stress im Schlafzimmer

- Vermeiden Sie unbedingt Elektrosmog im Schlafzimmer (Fernseher, elektrischer Wecker etc.) und in den Stunden vor dem Zubettgehen (Computerarbeit). Sie bremsen sonst Ihr Schlafhormon aus.
- Legen Sie sich nicht zu spät und möglichst immer zur gleichen Zeit schlafen. Die Hormone des Körpers brauchen einen gewissen äußeren Rhythmus, um im richtigen Takt zu kreisen.
- Trinken Sie direkt vor dem Schlafengehen keinen Alkohol, höchstens ein Glas Rotwein oder Bier zum Abendessen. Ein zu hoher Alkoholkonsum geht auf Kosten der Traumphasen.
- Achten Sie darauf, möglichst wenig Medikamente und Wirkstoffe zu sich zu nehmen, die eine Melatoninbildung hemmen (z. B. Betablocker, Benzodiazepine, Koffein). Chemische Schlafmittel führen zu einem wenig erholsamen »Kunstschlaf« (Unterdrückung der Traumphasen), der Ihr Schlafproblem nur verstärkt. Daher: strenge Indikationsstellung und nur kurze Einnahmezeiten unter ärztlicher Aufsicht.
- Vermeiden Sie alles, was Ihren Schlaf stören oder unterbrechen könnte, etwa Lärm, starke Duftquellen (z. B. Raumparfüms, ätherische Öle etc.), einen schnarchenden oder schlecht schlafenden Partner (getrennte Schlafplätze!), Kälte, zu große Wärme etc.
- Vermeiden Sie Stress und Hektik in den Stunden vor dem Zubettgehen. Die Synthese des Traumhormons DHEA wird dadurch gedrosselt.
- Setzen Sie sich nicht unter Druck, und finden Sie heraus, wie viel Schlaf Sie für Ihr persönliches Wohlbefinden brauchen. Die Schlafdauer ist von Mensch zu Mensch verschieden. Dem einen

reichen fünf Stunden, andere braucht sieben. Denken Sie an berühmte Kurzschläfer wie Napoleon oder Winston Churchill oder Langschläfer wie Albert Einstein oder Johann Wolfgang von Goethe. Erfolg ist keine Frage der Schlafgewohnheiten. Solche persönlichen Eigenheiten sollte man akzeptieren; sie lassen sich nur schwer ändern. Bedenken Sie auch, dass man nach aufreibenden Tagesereignissen oder nach Krankheit mehr Schlaf braucht. Folgen Sie den inneren Signalen.

- Suchen Sie bei jeder länger andauernden Schlafstörung einen Arzt auf, und warten Sie nicht darauf, dass sich das Problem »irgendwie von selbst« wieder löst. Die Schlafstunden in Ihrem Leben sind zu kostbar, als dass Sie leichtfertig darauf verzichten könnten. Entgangener Schlaf kann nicht wieder nachgeholt werden.
- Schlucken Sie nicht unkontrolliert das als Jungbrunnen in der Laienpresse angepriesene Schlafhormon Melatonin. Auch wenn dieses Hormon als körpereigener Wirkstoff im Allgemeinen gut vertragen wird, sollte eine Einnahme sorgfältig erwogen werden. Indikationen für eine Melatonineinnahme sind:
  - Hartnäckige Schlafstörungen, die sich durch eine Änderung der Lebensumstände/Schlafgewohnheiten nicht bekämpfen lassen
  - Zeitlich begrenzt bei Jetlag und Schichtarbeit
  - manche Erkrankungen (z. B. Herz- und Kreislauferkrankungen, Wochenbettdepression, Epilepsie, Alzheimer, Down-Syndrom, bestimmte Krebsformen, klimakterische Beschwerden)

Chronisches Müdigkeitssyndrom

Wer an einer lang anhaltenden und erschöpfenden Müdigkeit leidet, die sich durch nichts bekämpfen lässt, der leidet möglicherweise an einer schweren Krankheit, dem chronischen Müdigkeitssyndrom. Die Erkrankten zeigen ein bizarres Beschwerdespektrum, das neben körperlichen Störungen auch psychische Auffälligkeiten umfasst. Das Hauptsymptom ist eine extreme und anhaltende körperliche Erschöpfung, die so stark ausgeprägt ist, dass das tägliche Leben stark beeinträchtigt wird. Dazu kommen weitere Beschwerden, wie Muskel-, Hals-, Kopf- und Gelenkschmerzen, leichtes Fieber, Magen- und Darmbeschwerden, häufi-

ge Infekte, Herzbeschwerden, Schlafstörungen, Depressionen, Angst und Unruhezustände.
Verschiedene Ursachen führen zu diesem Leiden, das nach neueren Erkenntnissen eine mehr oder weniger ausgeprägte Entgleisung des Immunsystems ist, so zum Beispiel Virusinfektionen, Vergiftungen mit Umweltchemikalien, Allergien und Unverträglichkeiten, unkontrollierter Medikamentenkonsum, Überforderung, permanenter Schlafmangel und Stress etc. Ein solches Krankheitsbild ist ein Anzeichen dafür, dass die Lebensbatterie Löcher bekommen hat und sich zu schnell entlädt. Rasche Hilfe durch einen kompetenten Arzt ist unbedingt notwendig!

Ernährung – Treibstoff für den Tag

Edelsprit aus der Küche

Jeder Organismus braucht Energie zum Arbeiten (Kohlenhydrate, Fette), Bausteine zur Erhaltung der eigenen Strukturen (Eiweiß) und kleinste Mengen bestimmter lebensnotwendiger Substanzen wie Vitamine, Mineralien und Spurenelemente, um ein reibungsloses Stoffwechselgeschehen zu ermöglichen – kurz, um zu leben. All diese Stoffe müssen regelmäßig über die Nahrung zugeführt werden. Daneben ist eine ausreichende Flüssigkeitsaufnahme notwendig. Während der Körper erst nach etwa fünfundvierzigtägigem Hungern stirbt, führt völliger Wasserentzug schon nach wenigen Tagen zum Erlöschen der Lebensfunktionen.
Die Ernährung ist vereinfacht ausgedrückt der »Sprit des Lebens«. Sie ist Energie und Baustoff, sichert das Überleben des Organismus und bildet die Grundlage für körperliche und geistige Gesundheit. Und hier ist es wie bei einem Auto: Je besser die Qualität des zugeführten Treibstoffs, desto länger arbeitet der Motor und desto besser fahren Sie mit Ihrer Lebensenergie.
Die tägliche Kost entscheidet auch darüber, wie fit und gesund wir sind, wie stark unser Immunsystem ist, wie wir aussehen und

wie viel Energie und Schwung wir haben. Es zahlt sich also aus, der Ernährung besondere Aufmerksamkeit zu schenken. Leistungsfähigkeit, Gesundheit und Lebensfreude sind auf Dauer ohne eine hochwertige und ausgewogene Ernährung nicht möglich. Dabei spielen sowohl die Menge als auch die Art der zugeführten Nahrungsmittel eine wichtige Rolle. Bei vielen Störungen und Krankheiten kann eine mehr oder weniger tief greifende Umstellung der Ernährung die Heilung sogar fördern.

Eine ausgewogene Ernährung ist für gute Gesundheit unerläßlich. Als Faustregel gilt: Wenn man bei einer Mahlzeit noch erkennen kann, von welchem Tier oder von welcher Pflanze ein Produkt stammt, liegt ein vollwertiges Nahrungsmittel vor. Ist das nicht der Fall, wie etwa bei Fertiggerichten, ist das Essen minderwertig

Gesundheitsfaktoren in den Nahrungsmitteln

Das in der Nahrung enthaltene Gesundheitspotential verteilt sich hauptsächlich auf folgende Grundbausteine:

- **Kohlenhydrate:** Als Zucker gehen Kohlenhydrate schnell ins Blut und liefern dadurch rasch Energie für die Muskeln. Sie kommen hauptsächlich in pflanzlichen Nahrungsmitteln wie Getreide, Obst, Gemüse, Hülsenfrüchte und Kartoffeln vor. Idealerweise sollten Kohlenhydrate in Form von Stärke, die nur langsam ins Blut wandert und deshalb so lange satt macht, zugeführt werden. Ein Zuviel wird als Fettdepot gespeichert.
  Alle aufgenommenen Kohlenhydrate werden im Verdauungstrakt bis zu Zweifach- und Einfachzuckern gespalten. Dabei fällt hauptsächlich Glukose (Traubenzucker) an. Diese Glukose ist das zentrale Molekül des Zuckerstoffwechsels; sie kann direkt verwertet werden (z. B. in den Muskeln) und ist der einzige Energielieferant des Gehirns. Die meisten anderen Organe können auch Fettsäuren in Energie umwandeln.
- **Eiweiß:** Eiweiß liefert genauso viel Energie wie die Kohlenhydrate, doch wird es zum Aufbau von Hormonen, Enzymen, Zellen, Haut und Haaren etc. verwendet. Erst bei extremer Belastung werden Aminosäuren – die Bausteine des Eiweiß – energiebringend verbrannt. Ein Zuviel an Eiweiß ist gefährlich, da es sich im Körperinneren (Arterien, Herzkranzgefäße) ablagert und damit zunächst nicht so auffällt wie äußerliche Fettpolster.

Machen Sie aus Ihrem Kühlschrank einen Jungbrunnen: Füllen Sie ihn nur mit Lebensmitteln, die Ihnen gut tun, wie frischem Obst und Gemüse, Milchprodukten, magerem Fleisch und Fisch

Zusätzlich belastet zu viel Eiweiß die Nieren. Langfristig drohen Gefäßerkrankungen. Da der Körper nur geringe Mengen Eiweiß speichern kann, muss er täglich mit 45 bis 55 Gramm Eiweiß (Erwachsene) versorgt werden. Die Hälfte davon sollte aus Milch, Käse, Eiern, Fleisch und Fisch stammen.

- **Fett:** Es liefert mehr als doppelt so viel Energie wie Kohlenhydrate und Eiweiß. Neben seiner Funktion als Energieträger wird Fett als Baustoff für Zellwände, Hormone, Botenstoffe etc. benötigt. Zu viel Fett erhöht sehr schnell das Körpergewicht und fördert das Risiko einer Arterienverkalkung. Der Fettverzehr sollte deshalb niedrig gehalten werden. Soweit möglich, sollten tierische durch pflanzliche Fette mit hohem Linolsäureanteil ersetzt werden (Sonnenblumenöl, Mais- und Weizenkeimöl).

- **Vitamine** sind organische Substanzen, die vom Körper nicht oder nicht in ausreichenden Mengen hergestellt werden können und deshalb mit der Nahrung zugeführt werden müssen. Sie sind an einer Vielzahl von Auf- und Umbauschritten im Körper beteiligt und ermöglichen so den Abbau der Hauptnährstoffe, die Steuerung des Stoffwechsels und den Aufbau neuer körpereigener Substanzen.

- **Mineralien** und **Spurenelemente** sind anorganische Bestandteile pflanzlicher und tierischer Gewebe und spielen bei praktisch allen Lebensvorgängen eine wichtige Rolle. Sie sind Gerüst- und Stützsubstanzen des Körpers (Zähne, Knochen), unterstützen die Enzyme, sind an der Weiterleitung von Nervenimpulsen beteiligt, steuern die Durchlässigkeit der Zellwände, puffern Körperflüssigkeiten etc. Nach der benötigten Menge unterscheidet man Mengenelemente (z. B. Kalzium, Magnesium) und Spurenelemente (z. B. Mangan, Kobalt). Sie müssen mit der Nahrung zugeführt werden.

- **Ballaststoffe** bestehen aus pflanzlichen Zellwänden und Strukturen, die im menschlichen Körper fast nicht abgebaut werden. Die so genannten »löslichen Ballaststoffe« verlängern die Verweilzeit der aufgenommenen Nahrung im Magen und sorgen dadurch für ein frühzeitiger spürbares und länger anhaltendes Sättigungsgefühl (»Appetitzügler«). Durch ballststoffhaltige Nahrung wird ferner der Abbau aller Kohlenhydrate verzögert, wodurch auch der Zuckerspiegel im Blut langsamer steigt. Das bewirkt ein lange anhaltendes Sättigungsgefühl. Ferner sorgen »unlösliche« Ballaststoffe durch ihre Quellfähigkeit im Darm für eine zügige Verdauung und einen schnellen Abtransport der Stoffwechselprodukte.

- **Sekundäre Pflanzenstoffe** sind zum Beispiel typische Farb-, Geschmacks und Geruchsstoffe in Obst und Gemüse. Zahlreiche Studien weisen darauf hin, dass diese Substanzen eine ausgesprochen gesundheitsfördernde Wirkung besitzen und einen wichtigen Beitrag zum Schutz vor Herz-Kreislauf-Erkrankungen und möglicherweise sogar Krebs leisten.

Je besser man es versteht, sich die natürlichen Fitmacher in der Nahrung zunutze zu machen, desto wirkungsvoller kann man altersbedingtem Verschleiß durch Fehlernährung vorbeugen.

Vorsicht Fehlernährung!

Die folgenden Symptome können ein Anzeichen dafür sein, dass die tägliche Kost den Bedürfnissen des Organismus nicht mehr gerecht wird. Überprüfen Sie, an welchen der folgenden Symptome Sie seit mehr als sechs Monaten leiden, und kontrollieren Sie Ihre Ernährungsgewohnheiten.

- Nachlassende körperliche und geistige Leistungsfähigkeit
- Müdigkeit und Schlappheit
- Haarausfall
- Verstopfung
- Durchfall
- Hautausschläge
- Glanzlose Haut und Haare
- Brüchige Fingernägel
- Schlafstörungen

- Bei Frauen Menstruationsstörungen
- Unerklärliche Gewichtszu- oder -abnahme
- Kreislaufbeschwerden
- Muskelschwäche
- Bei Kindern Wachstumshemmung und Lernstörungen
- Infektanfälligkeit
- Unruhiger Schlaf
- Gedächtnisschwäche
- Konzentrationsstörungen
- Antriebsarmut
- Verzögerte Wundheilung
- Impotenz
- Sterilität
- Häufige Kopfschmerzen
- Depressionen

Auch wenn Sie sich wohl fühlen, überprüfen Sie dennoch anhand der folgenden Ratschläge, ob Sie Ihre Ernährung verbessern können, insbesondere wenn Sie noch jung sind. Gerade bei jungen Menschen kann der Körper Ernährungssünden viele Jahre kompensieren. Eine Reihe von »Altersleiden« wie Diabetes, Fettstoffwechselstörungen, Herz- und Kreislauferkrankungen korreliert auffallend häufig mit Ernährungsfehlern in früheren Lebensjahren.

Ursachen für Fehlernährung

Mangelkrankheiten, die auf das völlige Fehlen eines lebenswichtigen Nahrungsbausteins zurückgehen, wie Rachitis (Vitamin-D-Mangel) oder Skorbut (Vitamin-C-Mangel), sind heute sehr selten. Auch gibt es – zumindest in den industrialisierten Ländern – praktisch keine Todesfälle durch Unterernährung. Sehr häufig sind dagegen Fehlernährungen verschiedenster Art, bei denen wichtige Nahrungsbestandteile in zu geringer Menge zugeführt wurden. Aufgeschreckt durch Panikmeldungen in der Presse werden oft monatelang wichtige Gruppen von wertvollen Lebensmitteln gemieden, zum Beispiel Fisch, Blattsalate, Käse etc., und damit dem Körper lebenswichtige Bausteine vorenthalten. Oft

fällt das den Betroffenen gar nicht auf, da sie der Meinung sind, alles zu tun, um sich »giftfrei« und daher gesund zu ernähren. Dadurch kommt es zu einer Schwächung der Gesundheit, wodurch Krankheiten begünstigt werden.
Im Folgenden sind einige häufige Ursachen für eine falsche Ernährung aufgeführt:

- Fehler beim Einkaufen durch mangelnde Warenkenntnis
- Entwertung der Nahrungsmittel durch falsche Zubereitung
- Minderwertige Qualität der Nahrungsmittel
- Einseitige Abmagerungsdiäten
- Meiden wichtiger Nahrungsmittelgruppen aus Angst vor »zu viel Chemie im Essen«
- Gestörtes Essverhalten (Magersucht, Bulimie)
- Mangelndes Wissen über eine ausgewogene Ernährung
- Besondere Stoffwechselzustände, die bestimmte Nahrungsbausteine vermehrt verbrauchen (z. B. Leistungssport, Stress, Schwangerschaft, Operationen etc.)
- Einseitige Ernährung aus Zeitmangel (Fast- und Conveniencefood)

Falsche Ernährung beginnt bereits im Supermarkt. So wie Sie bei Medikamenten die Packungsbeilage lesen, so sollten Sie bei Lebensmitteln die Deklaration der Inhaltsstoffe studieren. Automatisch werden Sie dann lieber zu frischer Ware als zum »Chemiecocktail« Fertigprodukt greifen

Überprüfen Sie also, ob einer der genannten Gründe Sie von gesunder Ernährung abhält, und ändern Sie gegebenenfalls Ihr Essverhalten.

Essen Sie sich jung!

Regeln für eine »richtige« Ernährung aufzustellen, ist nicht einfach. Zu vielfältig sind sowohl der Lebensmittelmarkt als auch die individuellen Bedürfnisse der Menschen. Doch während traditionelle Ernährungsforschung hauptsächlich um die optimale Kost bemüht war, geht man heute noch einen Schritt weiter. Der Mensch und seine individuellen Bedürfnisse rücken zunehmend in den Mittelpunkt der Wissenschaft vom gesunden Essen. Man begreift, dass jeder Mensch seine spezielle Ernährung braucht; dementsprechend machen die Konzepte von der »typgerechten Ernährung« Schule. Statt starrer Vitamin- und Kalorienbilanzen

Wer die Erkenntnisse der modernen Ernährungswissenschaft mit seinen persönlichen Bedürfnissen kombiniert, wird sich optimal ernähren. Beobachten Sie, nach welchen Lebensmitteln Sie sich gut fühlen und nach welchen schlapp. Schon der bewusste Umgang mit der täglichen Kost verbessert das Ernährungsverhalten

stehen heute Genuss, Freude am Essen und Individualität an erster Stelle.
Die folgenden Regeln sind eine Anleitung für eine vollwertige Ernährung – natürlich immer im Rahmen Ihres individuellen Geschmacks.

- Kaufen Sie nur hochwertige Nahrungsmittel. Im Hinblick auf den Vitamin- und Mineralstoffreichtum lohnt es sich vor allem bei Obst und Gemüse, marktfrische Ware aus ökologischem Anbau und entsprechend der Saison zu kaufen. Halten Sie sich dabei an die anerkannten Verbände Demeter, Bioland, ANOG, Naturland, Biokreis Ostbayern, Gäa, Bundesverband ökologischer Weinbau und Ökosiegel oder Produkte mit dem Vermerk »Ökologische Agrarwirtschaft-EWG-Kontrollsystem«. Solche Produkte sind erwiesenermaßen ernährungsphysiologisch hochwertiger und schadstoffärmer. Auch das »Neuform«-Zeichen bürgt für qualitativ hochwertige Lebensmittel.
- Essen Sie täglich Frischkost in Form von Obst, Rohkost und Salaten, aber auch Gemüse und Kartoffeln. Hierin stecken reichlich Fitmacher fürs Immunsystem. Ernähren Sie sich hierbei saisongerecht, und bevorzugen Sie regionale Erzeugnisse aus ökologischem Anbau.
- Essen Sie so wenig Zucker und Süßigkeiten wie möglich. Achten Sie auch auf den Zucker, der in Limonaden, Konfitüren, Gebäck, Eis und vielen Fertigprodukten wie Tomatenketchup, Salatdressing und Fruchtjoghurt steckt. Solche Lebensmittel sind regelrechte »Fitnesskiller«. Auch hinter Begriffen wie Glukose, Fruktose, Traubenzucker oder Glukosesirup verbirgt sich reiner Zucker. Zucker liefert keine Nährstoffe, begünstigt den Fettansatz und raubt dem Immunsystem die wichtigen B-Vitamine. Vermeiden Sie auch Süßstoffe. Gesündere Alternativen sind eingeweichtes Trockenobst, Honig oder Obstdicksäfte – sofern sparsam verwendet.
- Reduzieren Sie Ihren Fleischkonsum auf ein bis zwei Mahlzeiten pro Woche, und verzichten Sie weitgehend auf fetthaltige Wurst- und Fleischwaren. Viele ernährungsabhängige Krankheiten wie Arteriosklerose oder Gicht gehen auf einen übermäßi-

gen Verzehr von tierischem Eiweiß zurück. Reduzieren Sie den Konsum von Eiern auf ein bis drei Stück die Woche. Beziehen Sie Fleisch und Eier, wenn möglich, aus artgerechter Tierhaltung.

- Essen Sie vorwiegend Vollkornprodukte, also Vollkornbrot, Vollkornnudeln, Vollkorngebäck, Vollreis etc. Gegenüber den entsprechenden Produkten aus Weißmehl besitzen sie den Vorteil, reichlich Ballaststoffe, Vitamine und Mineralien zu enthalten.
- Meiden Sie fettreiche Speisen, und achten Sie auf versteckte Fette, etwa in Fleisch, Wurst, Schokolade, Sahne, Nüssen, Bratfetten etc. Solche Produkte belasten das Immunsystem. Günstig sind dagegen naturbelassene Pflanzenöle (kaltgepresste, unraffinierte Öle) wie Sonnenblumen-, Distel-, Oliven- oder Weizenkeimöl.
- Essen Sie täglich genug hochwertiges Eiweiß, zum Beispiel aus Milch und Milchprodukten, Kartoffeln, Vollgetreideprodukten, magerem Fleisch, Geflügel und Fisch.
- Trinken Sie ausreichend, am besten zwei bis drei Liter am Tag. Bevorzugen Sie hierfür Trinkwasser, Mineralwasser, ungesüßte Kräuter- und Früchtetees, pestizidfreie Fruchtsäfte oder Trinkmolke. Ungeeignet wegen ihres hohen Zuckergehalts sind Fruchtsaftgetränke, Fruchtnektare und Limonaden.
- Würzen Sie mit Kräutern, und gehen Sie sparsam mit Kochsalz um. Achten Sie auf versteckte Salzquellen wie in Wurst, Schinken, manchen Brotsorten, Salzgebäck etc., und meiden Sie diese.
- Achten Sie auf ausreichend Ballaststoffe in Ihrer täglichen Kost. Sie fördern die Verdauung und somit die Ausscheidung von Giftstoffen aller Art. Besonders ballaststoffreich sind Vollkornprodukte, rohes Gemüse und Hülsenfrüchte.
- Ernähren Sie sich einfach, aber abwechslungsreich. Kaufen Sie möglichst unbehandelte Lebensmittel mit wenig Zusatzstoffen. Meiden Sie Fertigprodukte aller Art, auch wenn die aufgedruckten Vitamin- und Mineralstoffbilanzen die Illusion eines gesunden Lebensmittels vermitteln. Solche Produkte enthalten nämlich nicht selten – neben vielen anderen Zusatzstoffen – reichlich Emulgatoren und Verdickungsmittel, zwei Stoffgruppen, die bei häufigem Genuss langfristig die Darmschleimhaut schädigen.

- Essen Sie mehrmals täglich kleine Mengen. Dadurch belasten Sie die Verdauungsorgane weniger und vermeiden Leistungstiefs.
- Bereiten Sie Ihre Kost so schonend und so einfach wie möglich zu, sonst entwerten Sie hochwertige Lebensmittel durch die Art der Zubereitung. Denken Sie an die alte chinesische Ernährungsweisheit: Die Natur lässt sich nicht verbessern.
- Liegen bereits schwere Ernährungsmängel vor, so behandeln Sie diese nach Rücksprache mit einem kompetenten Arzt gezielt durch entsprechende Präparate.
- Vermeiden Sie Übergewicht, aber seien Sie tolerant gegenüber Ihrem Körper. Menschen unterscheiden sich nicht nur in ihrer Augen- und Haarfarbe, sondern auch in den Stoffwechseleigenschaften. So verbrennt der eine seine Kalorien besser als der andere. Akzeptieren Sie, dass es genetisch programmierte Gewichsunterschiede gibt, und sorgen Sie sich nicht um ein oder zwei Kilo zu viel oder zu wenig.

Welches Gewicht ist richtig?

Versuchen Sie, ein ideales Körpergewicht zu erreichen bzw. zu halten. Grämen Sie sich aber nicht wegen ein oder zwei Kilo zu viel, diese verkürzen bestimmt nicht Ihr Leben - der Kampf dagegen kann aber viel Lebensfreude kosten

Zur Berechnung des Normalgewichts gibt es verschiedene Formeln und Richtlinien.

Als praktikabel erwies sich die Berechnung des Körpermassenindex (abgekürzt BMI gemäß dem englischen Ausdruck Body-Mass-Index). Er ist wie folgt definiert: BMI = Körpergewicht in Kilogramm: Quadrat der Körperlänge (m^2).

Für das Alter von 19 bis 24 Jahren wird ein BMI von 19 bis 24 empfohlen, welcher alle zehn Jahre um nicht mehr als eine Einheit steigen sollte. Bei einem BMI für Frauen von 24 bis 29, für Männer von 25 bis 30 spricht man von leichtem, darüber von starkem Übergewicht.

- Wenn Sie abnehmen wollen/müssen, vermeiden Sie unbedingt einseitige Diäten. Denken Sie daran, dass Sie durch erhöhte sportliche Aktivität ebenfalls Kalorien verbrauchen.
- Sollte Ihnen Ihr Arzt ein besonderes Ernährungsprogramm zusammenstellen, so halten Sie sich daran. Er kann aufgrund seiner Diagnose besser beurteilen, was für Sie gut ist und was nicht.

- Nehmen Sie sich zum Essen ausreichend Zeit. Vermeiden Sie Stress und Hektik bei den Mahlzeiten.
- Wenn Übergewicht Ihr Problem ist und es Ihnen trotz aller Bemühungen nicht gelingt, Ihr Wunschgewicht zu erreichen, so lassen Sie sich von einem Arzt untersuchen. Möglicherweise leiden Sie an einer Stoffwechselstörung (z. B. der Schilddrüse), die für Ihr Gewichtsproblem verantwortlich ist.
- Vermeiden Sie es, aus Panik vor zu viel Chemie im Essen oder aus esoterischen Motiven monatelang wichtige Lebensmittelgruppen aus Ihrer täglichen Kost zu verbannen, wie etwa Fisch, Gemüse, Milchprodukte etc. Sie versagen sich damit – oft unnötig – wichtige Nahrungsmittelbestandteile.
- Geben Sie Geschmack und Geruch eine Chance! Diese Sinne signalisieren durch ihre Verbindung mit dem Immunsystem, was der Körper braucht und was er nicht verträgt. Das funktioniert aber nur bei ursprünglichen, wenig behandelten Grundnahrungsmitteln. Versuchen Sie nicht, ein von Ihnen (oder Ihren Kindern) abgelehntes Lebensmittel durch raffiniertes Würzen so zu manipulieren, dass es doch noch schmeckt.

Ballaststoffe in den Lebensmitteln

Ballaststoffreich: Vollkornbrot, Leinsamenbrot, Grahambrot, Mehrkornbrot, Kleiebrötchen, Zuckermais, Erbsen, Bohnen, Rosenkohl, Brokkoli, Linsen, Sprossen, Keime, Kartoffeln, Naturreis, Vollgetreide wie Hirse, Buchweizen, Gerste, Roggen, Weizen, Vollkornteigwaren, frisches Obst, Trockenfrüchte, Vollkorngebäck
Ballaststoffarm: Weißbrot, Toastbrot, Teigwaren, Süßigkeiten, Kopfsalat, Tomaten, Gurken, Pudding, Cremespeisen, Kekse, Waffeln, Kuchen, Torten
Ballaststofffrei: Tierische Lebensmittel, Zucker, Stärke

Ballaststoffe sind weitgehend unverdauliche pflanzliche Zellstrukturen, die anerkannte Gesundheitswirkung besitzen und daher täglich verzehrt werden sollten. Sie fördern die Verdauung und binden im Magen-Darm-Trakt vorhandene Giftstoffe. Dadurch beugen sie Darmkrebs vor

Schlappmacher Zucker

Zucker ist das am weitesten verbreitete Süßungsmittel.
Sein Konsum ist aufgrund seines Kalorienreichtums und der fehlenden Vitamine und Mineralien ungesund und fördert Karies. Im

Körper wird Zucker vollständig verbrannt und dient damit ausschließlich als Energielieferant (»leerer Kalorienträger«), ist aber zum Sattessen trotzdem nicht geeignet. Er stimuliert die Insulinausschüttung im Organismus und bewirkt dadurch ein starkes Absinken des Blutzuckerspiegels. Das hat zwei überaus unangenehme Folgen:

- Es macht müde und schlapp und erzeugt Unkonzentriertheit und Leistungsschwäche. Produktives Arbeiten ist nicht mehr möglich.
- Es löst Hungergefühle aus, die bis zum Heißhunger gehen können. Ein Griff beispielsweise zum Schokoriegel soll den Appetit zügeln – und der Kreislauf beginnt von neuem. Folge: Es wird mehr Energie aufgenommen, als tatsächlich benötigt wird, Fettpolster lagern sich im ganzen Körper ab.

Überschüssiger Zucker wird nicht verbrannt, sondern in der Leber in Fett als Energiereserve umgewandelt. Ferner verbraucht die Zuckerverbrennung Vitamin B_1, kann also Defizite erzeugen.

»Gesunde Zuckerprodukte« – ein Ausweg?

Sehr beliebt sind so genannte »gesunde« Zuckerprodukte, wie Fruchtdicksaft, Ahornsirup (aus dem süßen Saft des kanadischen Ahornbaums), Melasse (Rückstand aus der Zuckergewinnung mit 60 Prozent Zucker) oder Ursüße (zuckerhaltiges Zwischenprodukt der normalen Zuckergewinnung). All diese Produkte enthalten letztlich nichts weiter als Zucker – allerdings zu einem viel höheren Preis.

Honig besteht zu 81 Prozent aus Kohlenhydraten und zu 18 Prozent aus Wasser. Der Rest entfällt vornehmlich auf Mineralstoffe. Ernährungsphysiologen erkennen in Honig keinen ausgeprägten Vorzug gegenüber vergleichbaren Zuckergemischen.

Honig hat einen Zucker vergleichbaren Brennwert und wirkt kariesfördernd. Eine Zuckereinsparung ergibt sich allenfalls dadurch, dass man Honig wegen seines Eigenaromas sparsamer dosiert.

Wer also die »Blutzuckerfalle« vermeiden möchte, muss darauf achten, jeden Zuckerüberschuss im Blut zu vermeiden. Dazu folgende Tipps:

- Beschränken Sie den Konsum von Produkten, die große Mengen an reinem Zucker (»schlechte Kohlenhydrate«) enthalten, wie Süßigkeiten, Schokolade, Fertigdesserts, Limonaden, Fruchtsaftgetränke, Brotaufstriche, Marmeladen, Weißmehlprodukte oder polierter Reis. Auch größere Mengen an reifem Obst erhöhen durch ihren Zuckergehalt den Blutzuckerspiegel.
- Essen Sie stattdessen Produkte, die komplexe und damit langsam ins Blut wandernde Kohlenhydrate enthalten. Sie finden sich in Vollkornprodukten, Kartoffeln, Hülsenfrüchten und Gemüse. Sie sollten überwiegend verzehrt werden.
- Sehr gefährlich sind Lebensmittel, die sowohl Fett als auch schlechte Kohlenhydrate enthalten. Das sind vor allem Schokolade und Schokoladenprodukte, Cremetorten, Pralinen, Desserts, Baguette, Croissants und Toastbrot, insbesondere mit einem süßen Belag.
- Geben Sie Grobgemüse, wie Kohl, Kohlrabi, Rettich, Karotten, Sellerie und Fenchel (ungekocht, sofern man es verträgt), gegenüber Feingemüse, wie Blumenkohl, Lauch, Blattsalat und Spargel, den Vorzug. Die grobe Textur wird nur langsam verdaut und sorgt dadurch für ein lange anhaltendes Sättigungsgefühl.

Wenn Sie sich an diese einfachen Regeln halten, verlängern Sie Ihre Energiekurve und bleiben den ganzen Tag über frisch und leistungsfähig.

Fünf-Tage-Progamm für mehr Energie

Das folgende Fünf-Tage-Programm wurde gemäß den Theorien der amerikanischen Ernährungsexpertin Adele Puhn entwickelt, aber an deutsche Verhältnisse angepasst. Dabei werden in der täglichen Kost Nahrungsmittel, die den Blutzuckerspiegel möglichst konstant halten, bevorzugt. Dadurch bleibt der Organismus leistungsfähiger und ermüdet weniger rasch. Ein immer wieder absinkender Blutzuckerspiegel macht Hunger auf Süßes und

Wenn Sie darauf achten, immer einen konstanten Blutzuckerspiegel zu halten, vermeiden Sie Heißhungerattacken und entgehen damit einer Hauptgefahr für Ihr Gewicht

führt zu unkontrolliertem Essen, der Hauptursache für hartnäckiges Übergewicht. Dieses Ernährungsprogramm erleichtert auch das Einhalten bzw. Erreichen des Idealgewichts.
Nach fünf Tagen hat sich erfahrungsgemäß – unabhängig von den vorherigen Ernährungsgewohnheiten – ein individueller und gesunder Blutzuckerwert eingependelt. Hungergefühle entsprechen dann dem tatsächlichen Bedarf des Organismus und sind nicht mehr auf Entgleisungen des Stoffwechsels zurückzuführen. Sie müssen sich nicht sklavisch an das Programm halten, Obst und Gemüse können je nach Angebot und Appetit variiert werden. Auch die genaue Portionsgröße ist nicht so wesentlich. Im Verlauf der fünf Tage werden Sie ohnehin feststellen, dass Ihnen Ihr Hunger immer besser »sagt«, wie viel Sie gerade essen können und müssen.

1. Tag	**Frühstück**	1 Scheibe Vollkornbrot mit Käse
	1. Zwischenimbiss	3 rohe Karotten
	2. Zwischenimbiss	1 Tasse rohes Rotkraut, fein geraspelt
	Mittagessen	Salatteller aus 1 Blattsalat, Sellerie und grüner Paprika mit 100 g Truthahnbrust, Essig, Olivenöl
	3. Zwischenimbiss	1 Orange
	4. Zwischenimbiss	1 Apfel
	Abendessen	Gedünstetes Gemüse (Fenchel, Sellerie, Paprika) mit ½ Tasse Vollkornreis und 100 g Tofu, kleiner gemischter Salat
2. Tag	**Frühstück**	30 g geschroteter Weizen oder 50 g Mehrkornfrühstücksflocken mit Magermilch
	1. Zwischenimbiss	1 Stange Sellerie
	2. Zwischenimbiss	½ Kohlrabi
	Mittagessen	Grillgemüse (Paprika, Fenchel, Karotte, Zucchini) mit wenig Olivenöl, dazu 100 g gegrillte Scampi, 70 g gekochte Vollkornnudeln, in wenig Olivenöl geschwenkt; kleiner gemischter Salat

3. Zwischenimbiss	1 Stück Melone	
4. Zwischenimbiss	2 Karotten	
Abendessen	Salatteller aus 1 Blattsalat, 2 Tomaten, 1 Scheibe Fenchel und ½ Tasse gekochten Nierenbohnen, 1 Vollkornbrezel	
Frühstück	1 Scheibe Vollkornbrot mit Käse	3. Tag
1. Zwischenimbiss	½ Kohlrabi	
2. Zwischenimbiss	1 Tasse Weißkraut, fein geraspelt	
Mittagessen	Salatteller aus 1 Blattsalat, Gurke, roter Paprika, 3 Radieschen, ½ Tasse Couscous und 1 kleines Putenschnitzel	
3. Zwischenimbiss	1 Birne	
4. Zwischenimbiss	1 Pfirsich	
Abendessen	Gedünstetes Gemüse (z. B. Paprika, Zucchini, Brokkoli) mit ½ Tasse Vollkornreis; kleiner gemischter Salat mit 1 Ei	
Frühstück	1 Scheibe Vollkornbrot, mit Putenfleisch belegt	4. Tag
1. Zwischenimbiss	2 Blumenkohlröschen	
2. Zwischenimbiss	1 Tasse rohes Rotkraut, fein geraspelt	
Mittagessen	Salatteller aus 1 Blattsalat; Nudelsalat mit Karotten, Tomaten und grüner Paprika mit 100 g Thunfisch (in Pflanzenöl eingelegt), Essig, Olivenöl	
3. Zwischenimbiss	3 Aprikosen	
4. Zwischenimbiss	1 Mango	
Abendessen	2 Sandwich aus je 1 Vollkornsemmel, belegt mit Kopfsalat, ½ Avocado, Kresse, 1 Cocktailtomate, leicht gewürzt; 1 Blattsalat	

5. Tag	**Frühstück**	30 g geschroteter Weizen oder 50 g Vollkornfrühstücksflocken mit Magermilch
	1. Zwischenimbiss	1 Stange Sellerei
	2. Zwischenimbiss	2 Brokkoliröschen
	Mittagessen	Salatteller aus 1 Blattsalat, Karotten und Tomaten, 1 Kartoffel aus dem Backofen, dazu Grillgemüse (Zucchini, Fenchel, Paprika)
	3. Zwischenimbiss	1 Apfel
	4. Zwischenimbiss	1 Kiwi
	Abendessen	Salatteller aus 1 Blattsalat, Tomaten, Sellerie, ½ Tasse gekeimten Kichererbsen (zwei bis drei Tage vorher ansetzen)

Hinweise zur Durchführung dieses Plans

- Ein gemischter Salatteller sollte aus einem Blattsalat (z. B. Kopfsalat, Eichblattsalat, Lollo Rosso, Eisbergsalat etc.) und zwei bis drei weiteren Gemüsen bestehen. Um den Blutzuckerspiegel im optimalen Bereich zu halten, sollte mindestens eines davon ein schwer kaubares Gemüse sein, wie zum Beispiel Kohlrabi, Fenchel, Karotte, Rot- oder Weißkraut, Sellerie. Alle Gemüse roh verwenden und grob raspeln. Den Salat kurz vor dem Verzehr mit ein bis zwei Esslöffel Pflanzenöl und einem Esslöffel Balsamico-Essig anmachen. Mit Salz (sparsam!) und frischen Kräutern würzen.
- Die Zubereitung eines frischen Salats ist zweifelsohne zeitaufwendig. Ideal wäre es, den Salat jeweils kurz vor der Mahlzeit frisch zuzubereiten. Berufstätigen ist dies nicht immer möglich. Eine praktikable Lösung: Bereiten Sie für das Abendessen die doppelte Portion Salat zu, und bewahren Sie die Hälfte dann ohne Dressing und am besten luftdicht verpackt im Kühlschrank auf. Am nächsten Mittag ist der Salat dann sofort fertig und kann auch so an den Arbeitsplatz mitgenommen werden.
- Für das obige Programm werden größere Mengen an Obst und Gemüse benötigt. Um auch hier Zeit zu sparen, empfiehlt es

sich, zweimal wöchentlich eine größere Menge einzukaufen (am besten frisch vom Markt) und diese dann in luftdichten Boxen (Tupperware) im Kühlschrank zu lagern. Es entstehen hierbei nur geringe Vitaminverluste.

Fett – Schlappmacher oder Jungbrunnen?

Bei kaum einem Nahrungsinhaltsstoff liegen Nutzen und Schaden so nahe beieinander wie beim Fett. Richtiger Fettkonsum ist ein wahrer Jungbrunnen, Fehler in der Fetternährung führen dagegen rasch zu vorzeitigem Altern.

Mit einem Energiegehalt von 38 bis 39 kJ/g (9,1 bis 9,3 kcal/g) liefert Fett doppelt so viel Energie wie die gleiche Menge Kohlenhydrate oder Eiweiß. Fett ist somit eine bedeutende Energiequelle, insbesondere für Menschen mit hohen körperlichen Leistungsanforderungen (z. B. Schwerarbeiter, Extremsportler etc.). Da Fett durch die längere Verweildauer im Magen einen hohen Sättigungswert besitzt, sind solche Menschen von den Pausen zwischen den einzelnen Mahlzeiten unabhängiger. Menschen hingegen, die sich wenig bewegen, werden durch einen zu hohen Fettverzehr schlapp, krank und dick. Untersuchungen belegen, dass ein zu hoher und falscher Fettkonsum zahlreiche Zivilisationskrankheiten wie Herzinfarkt, Schlaganfall oder Diabetes begünstigt.

Um lange jung zu bleiben, braucht der Körper die richtigen Fette. Aus den Fettsäuren der Nahrung werden wichtige Hormone, Vitamine und Botenstoffe des Immunsystems gebildet. Ferner sind Fette wesentliche Bausteine der Membranen aller lebenden Zellen. Fette sorgen in Verbindung mit anderen Bausteinen für den Informationsfluss von Zelle zu Zelle.

Spezielle Fettsäuren (ein- oder mehrfach ungesättigte Fettsäuren) sind Bestandteile der Haut, machen sie geschmeidig und verhindern ihr Austrocknen. Menschen, die zu wenig oder das falsche Fett essen, sehen schneller alt und grau aus.

Nach neuesten Erkenntnissen der Fettforscher sollten in einer gesunden Kost die einfach ungesättigten Fettsäuren etwa die Hälf-

Verbannen Sie nicht aus Furcht vor zu viel Kalorien Fett völlig aus Ihrer Kost. Sie versagen damit Ihrem Körper einen lebenswichtigen Baustein, der vor allem für die Schönheit Ihrer Haut wichtig ist. Achten Sie aber auf die Wahl der richtigen Fette!

te, die mehrfach ungesättigten und die gesättigten Fettsäuren jeweils ein Viertel betragen. Unter den mehrfach ungesättigten sollten die Omega-6-Fettsäuren zwei Drittel und die Omega-3-Fettsäuren ein Drittel betragen. Die Fettpyramide gibt einen Überblick.

Für Ihre Ernährung bedeutet dies konkret:

- Fette sind Lieferanten wichtiger Biostoffe für den Körper. Ein völliger Verzicht auf Fett schadet der Gesundheit.
- Essen Sie täglich einen Salat, und machen Sie diesen mit Pflanzenöl an. Ideal ist hierfür Oliven- oder Rapsöl. Sollten Sie diese Öle wegen ihres Eigengeschmacks ablehnen, so mischen Sie sie mit anderen Pflanzenölen, deren Geschmack Sie mögen, etwa Sesam- oder Walnussöl.
- Essen Sie zweimal pro Woche fetten Fisch.
- Achten Sie beim Fischkauf auf frei lebende Fische, und meiden Sie Tiere aus Fischfarmen. Eine vergleichende Untersuchung an Aalen, Forellen und Lachsen ergab signifikant niedrigere Kon-

zentrationen an Omega-3-Fettsäuren bei den Tieren aus der Zucht. Den Tieren aus Fischfarmen fehlen nämlich die natürlichen Nahrungsquellen für Omega-3-Fettsäuren.

- Auch das Fettsäuremuster im Eidotter eines Hühnereis korreliert mit der Fettsäurezusammensetzung im Futter. Haben Hühner freien Auslauf, so dass ihr Futter aus frischem Gras und verschiedenen Samen besteht, so enthält der Dotter ihrer Eier etwa zehnmal so viel wertvolle Omega-3-Fettsäuren wie bei Hühnern aus der Legebatterie.
- Fette mit einem hohen Gehalt an ungesättigten Fettsäuren werden beim Erhitzen zerstört und in Zersetzungsprodukte mit möglicherweise gesundheitlich bedenklicher Wirkung umgewandelt. Verwenden Sie daher zum Erhitzen nur Fette mit einem relativ hohen Gehalt an gesättigten Fettsäuren wie Palmöle oder Kokosfett. Schränken Sie generell den Konsum an erhitzten Fetten, insbesondere an frittierten Speisen ein. Frittierte Speisen sind nicht nur wahre Kalorienbomben, sie enthalten im Vergleich zu Nahrungsmitteln, die mit anderen Garmethoden zubereitet wurden, eine erhebliche Menge an gesundheitsschädlichen Zersetzungsprodukten (oxidierte Fettsäuren, Transfettsäuren).
- Kaufen Sie nur naturbelassene, kaltgepresste Öle, die Sie kühl lagern und rasch verbrauchen. Kaltgepresste Öle sind sehr wertvoll, da sie schonend gewonnen wurden und keine Stoffe enthalten, die Geschmack, Geruch und Aussehen beeinträchtigen. Sie besitzen den typischen Geschmack der Herkunftspflanze.
- Achten Sie bei Margarine auf Qualität, und greifen Sie zu Produkten, die nicht gehärtet und nicht umgeestert sind. Wissenschaftler empfehlen jedoch den Verzehr kleiner Mengen der naturnäheren Butter und nicht den Verzehr großer Mengen Margarine.
- Schränken Sie den Verzehr von gesättigten Fettsäuren auf ein Minimum ein, und versuchen Sie, Transfettsäuren oder oxidierte Fettsäuren ganz aus Ihrer Ernährung zu verbannen.
- Fette enthalten sehr viel Energie. Ihr Anteil an den täglichen Gesamtkalorien sollte daher 30 Prozent nicht übersteigen.
- Der Bedarf an Fett sollte überwiegend aus Pflanzen- und Fischfett gedeckt werden. Tierische Fette sollte man sparsam verwenden.

Wer normalgewichtig bleiben möchte, sollte vor allem die Fettkalorien im Auge behalten, da diese sich besonders leicht als Hüft- und Bauchspeck ansetzen. Die Einlagerung von Fett ins Gewebe erfolgt ökonomischer als bei Zucker

Bewegung – die richtige Drehzahl einstellen

Nun könnte man aus dem Gesetz der Lebensenergie folgern, dass es im Interesse einer hohen Lebenserwartung sinnvoll wäre, sich betont auf die faule Haut zu legen und möglichst keine Bewegung mehr zu machen. Doch das ist nicht sinnvoll.

Die meisten unserer Organe benötigen ein ständiges Training, ja sogar eine ständige Belastung, um nicht zu verkümmern und um länger jung zu bleiben. Wer sich nicht bewegt, spart zwar seine Lebensenergie, reduziert aber seine Lebenserwartung durch Organ- oder Kreislaufschwäche (ein Auto, das nur unbenutzt in der Garage steht, rostet).

In welchem Umfang Sport hilfreich ist, hängt von dem individuellen Alltag ab. Wer den ganzen Tag körperlich arbeitet, kann am Abend guten Gewissens die Füße auf den Tisch legen und ein Buch lesen. »Schreibtischtätern« empfiehlt sich als Ausgleich entspanntes Joggen oder Radfahren nach Büroschluss. Bewegung baut nämlich die Stresshormone ab, die sich während geistiger Anspannung bilden und das Feuer im Körper kräftig anheizen. Sportarten, die das vegetative Nervensystem dämpfen (den Motor der inneren Unruhe), wie Golfspielen, Wandern oder Langlaufen, sind besser als Leistungssport.

Training für ein gutes Lebensgefühl

Ein geeignetes körperliches Training kann sehr wohl in funktioneller, aber auch psychischer Hinsicht den altersbedingten Veränderungen entgegenwirken. Es gibt eine Reihe sehr gut dokumentierter positiver Wirkungen auf praktisch alle wichtigen Funktionen des menschlichen Körpers:

- Beim Herz-Kreislauf-System kommt es zu einer Verlangsamung des Herzschlags, einer Verlängerung der Durchblutungszeit des Herzens, einer Verringerung des Sauerstoffbedarfs des Herzmuskels, einer beschleunigten Erholung nach Belastung und einer Verbesserung der gesamten Energiebilanz.

- Die Muskulatur wird durch dosierte Bewegung gekräftigt und gestärkt und ihre Widerstandskraft gegenüber Ermüdung und Erschöpfung gefördert.
- Die Atmung wird tiefer und langsamer.
- Die Lungen werden besser durchblutet und arbeiten ökonomischer.
- Cholesterin- und Harnsäurespiegel im Blut werden gesenkt.
- Die einzelnen Organe werden besser durchblutet und arbeiten dadurch effektiver.
- Das Immunsystem wird stimuliert, die Abwehrkräfte werden gestärkt, und sogar eine gewisse Krebsprophylaxe ist belegt.
- Aufgestaute Aggressionen und angehäufte Stresshormone werden besser abgebaut.

Vernünftig betriebener Sport sorgt dafür, dass der Körper im richtigen Drehzahlbereich »läuft« und so im Alltag keine kostbare Lebensenergie verbraucht.

Wissenschaftler warnen jedoch vor exzessivem Training und Hochleistungssport, da dadurch ein vorzeitiger Alterungsprozess ausgelöst werden kann. Untersuchungen an der Stanford University School of Medicine in den USA haben tatsächlich gezeigt, dass zu starkes körperliches Training die positiven Effekte des vernünftigen Sports wieder aufheben kann. Sie untersuchten in den sechziger Jahren rund 17 000 Absolventen der Harvard University im Alter von 35 bis 74 Jahren.

Es stellte sich heraus, dass die Sterberate bei Männern, die wöchentlich etwa 8 500 Kilojoule durch Sport verbrauchten (ca. 4 Stunden leichtes Joggen) fast um ein Drittel niedriger lag als bei denjenigen, die sich kaum oder gar nicht sportlich betätigten. Wenn allerdings mehr als 14 700 Kilojoule wöchentlich für Sport aufgewandt wurden, konnte das zu Schädigungen führen, die die Vorteile der körperlichen Anstrengung aufhoben oder gar ins Gegenteil verkehrten.

Mit Sport das Leben verlängern

Sport muss in erster Linie Spaß machen und darf den Körper nicht überfordern. Dazu reicht es, etwa 20 bis 40 Prozent über das nor-

male tägliche Aktivitätsmaß hinaus zusätzlich aktiv zu sein. Die Aktivität sollte sich zudem an der jeweiligen Tagesform und auch der persönlichen Lust und nicht an einer vorgegebenen Fitnesstabelle orientieren, die jeden Tag mehr abverlangt.
Es ist ganz normal, sich nicht jeden Tag gleichermaßen fit und aktiv zu fühlen. Die körperliche Leistungskurve zeigt Höhen und Tiefen. Ebenso ist eine gleichmäßige Beanspruchung aller Körperteile, also kein einseitiger Sport, anzustreben.

Sportarten, die den Körper trainieren und nicht zu viel Lebensenergie kosten

Wer vernünftig Sport betreibt, kann daraus Wohlbefinden, gutes Aussehen und Lebensjahre gewinnen, ohne seinen Körper zu sehr zu verschleißen

Es gibt Sportarten, bei denen das Verhältnis von Gesundheitsgewinn und Energieverbrauch sehr günstig ist. Diese sollten bevorzugt ausgeübt werden. Dazu gehören:
Badminton, Dauerlauf (Joggen), Fechten, Golfspielen, Gymnastik, Kegeln/Bowling, Langlauf, Rad fahren, Reiten, Schwimmen, Tanzen, Tischtennis, Wandern
Aber auch hier gilt: Im Übermaß und mit zu großem Ehrgeiz betrieben, kann selbst eine solche Sportart zu Kräfteverschleiß führen.

Cross-Training – der Schlüssel zum Erfolg

Unter den Sportlern gibt es zwei Gruppen: Die einen betreiben nur Muskeltraining, die anderen setzen dagegen auf Ausdauersport. Moderne Sportwissenschaftler empfehlen jedoch eine Kombination:
Moderates Muskeltraining, kombiniert mit Ausdauer- und Beweglichkeitstraining (Stretching) ist der beste Garant für gesunde Fitness.
Günstig: Muskel- und Ausdauertraining an alternierenden Tagen, Strechingübungen vor und nach dem Training.

Ausdauersportarten wie Joggen, Bergwandern, Schwimmen, Rad fahren oder Skilanglauf sorgen dafür, dass der Körper resistenter gegenüber Ermüdung wird und sich nach Belastungen schneller wieder regeneriert.
Das schafft erst die Voraussetzung für ein erfolgreiches Muskeltraining.

Mit den folgenden Ratschlägen trainieren Sie richtig:

- Überprüfen Sie Ihre persönliche Fitness, und lassen Sie sich gegebenenfalls von Ihrem Hausarzt untersuchen, bevor Sie ein Sportprogramm beginnen.
- Überfordern Sie sich nicht, und nehmen Sie Rücksicht auf Ihre jeweilige Tagesform. Nach einem hektischen Arbeitstag wird man beispielsweise nicht die gleiche Strecke joggen können wie etwa an einem geruhsamen Sonntag.
- Planen Sie Ihre Sporttermine genauso gewissenhaft wie Ihre Businesstermine, indem Sie sie sorgfältig in einen Kalender eintragen. Nur so nehmen Sie Ihr regelmäßiges Trainingsprogramm auch ernst.
- Für ein optimales Gesundheitstraining sind besonders Ausdauersportarten geeignet. Es ist bewiesen, dass sie Fitness und allgemeines Wohlbefinden deutlich steigern.
  Dazu gehören: Laufen, Joggen, intensives Gehen, Schwimmen, Rad fahren oder Training auf dem Heimfahrrad, Skilanglauf, Skiwandern, (Berg)wandern; wesentlich ist hierbei die ununterbrochene Ausübung über mindestens 10 Minuten mit einer Pulsschlagfrequenz von etwa 130 pro Minute.
  Nur durch diesen Trainingspuls ergibt sich – bedingt durch den erhöhten Sauerstoffverbrauch – der erwünschte Trainingseffekt für Herz, Kreislauf und Nerven und somit eine Verbesserung der Kondition. Dies ist beispielsweise bei Sportarten wie Tennis, Ski alpin, Golf, Fußball, Kegeln oder Gymnastik nicht immer gegeben.
- Für das Ausdauertraining gilt: Ideal sind zwei- bis dreimal 20 bis 30 Minuten pro Woche, besser sind aber drei- bis viermal 30 bis 45 Minuten. Vergessen Sie nie, sich vor Ihrem Trainingsprogramm aufzuwärmen.

Starten Sie erst nach einem Gesundheitscheck mit Ihrem Fitnessprogramm, insbesondere wenn Sie älter als 35 Jahre sind. Lassen Sie sich von einem kompetenten Sportmediziner beraten und ein individuelles Trainingsprogramm zusammenstellen, das die Besonderheiten Ihres Körpers berücksichtigt. Jeder Mensch hat einen anderen Organismus und benötigt ein maßgeschneidertes Sportprogramm

- Planen Sie zweimal wöchentlich ein Muskeltraining ein, bei dem Sie gezielt Ihre ganze Muskulatur kräftigen. Dadurch vermeiden Sie Muskelversteifungen und Muskelschwäche.

Kräftigen Sie insbesondere Ihre Oberkörpermuskeln. Gerade ältere Menschen können sich so bei einem Sturz besser abstützen und verhindern damit Oberschenkelhalsbrüche.

Die besten Ausdauersportarten

Ausdauertraining stärkt Herz, Kreislauf und Muskulatur, senkt Bluthochdruck, verbessert den Fettstoffwechsel, ist psychisch ausgleichend, verbessert die Muskelkraft und macht beweglicher

Sportart	besonderer Nutzen	Risiko
Gehen, Wandern	Idealer Lifetimesport; auf »zügige« Durchführung achten, sonst ist der Nutzen nur gering	Kaum Verletzungsgefahr
Joggen, Laufen	Trainiert praktisch den ganzen Körper; auf gutes Schuhwerk achten	Bei falscher Lauftechnik Gefahr der Überbelastung von Gelenken und Sehnen
Schwimmen	Idealer Sport auch für Menschen mit orthopädischen Fehlhaltungen und Haltungsschäden; trainiert praktisch alle Muskelgruppen	Geringes Risiko; bei falscher Technik Gefahr von einseitiger Überbelastung der Sehnen und Bänder; Augenreizungen durch Schwimbadchlor
Rad fahren	Ideal geeignet für Übergewichtige; kräftigt vor allem die Beinmuskulatur	Unfallgefahr im Straßenverkehr Gefahr der Verspannung von Nacken- und Rückenmuskulatur; Schmerzen im Gesäß
Langlaufen	Gesündester Wintersport; schult zusätzlich Gleichgewichtssinn und Koordination	Sturzgefahr; Bänderzerrung am Daumen durch verkrampfte Haltung
Fahrradergometertraining	Ausdauertraining zu Hause; Vorteil einer exakten Dosierbarkeit der Trainingsleistung	Kein Verletzungsrisiko bei vernünftigem Einsatz

Nie mehr schlapp nach dem Sport: körpereigener Fitmacher

Oft fühlt man sich nach einem Training am nächsten Tag so schlapp, dass jede Energie für weitere Aktivitäten fehlt. Um zu lange Trainingspausen zu vermeiden, ist eine optimale Regeneration angesagt. Hierfür ein Supertipp: Setzen Sie auf Ihren Glut-4-Carrier. Die Muskulatur braucht zum Arbeiten Zucker. Dieser kann jedoch nur dann aus dem Blut in die Muskelzelle gelangen, wenn das Hormon Insulin im Blut kreist und ein spezielles Transportprotein bereitstellt. Unter Belastung wird ohne Mitwirkung des Insulins ein Hilfscarrier für Zucker in der trainierenden Muskulatur gebildet: der Glut-4-Carrier. Er ist auch noch etwa zwei Stunden nach dem Training aktiv und pumpt unentwegt Zucker in die hungrigen Zellen. Essen Sie also unmittelbar nach einer Belastung hochwertige komplette Kohlenhydrate wie Müsli, Reiswaffeln, Obst oder ein Brötchen, keinesfalls Kuchen, Bratwurst oder Schokoriegel. So erhalten Ihre Muskeln die verlorene Energie sofort wieder zurück und sind schneller fit fürs nächste Training. Fetthaltige Kost bleibt dagegen zu lange im Magen liegen; die darin enthaltenen Kohlenhydrate gelangen zu spät in die Muskulatur, das heißt, wenn der Glut-4-Carrier wieder abgebaut ist.

Sauerstoff für mehr Energie

Mit jedem Atemzug nehmen wir einen Vitalstoff von unschätzbarem Wert zu uns: Sauerstoff. Ohne Sauerstoff kann aus den Nahrungsbausteinen keine Energie gewonnen werden. Sauerstoff heizt das innere Feuer an, so dass der »innere Motor« optimal, also auch (lebens)energiesparend, arbeitet. Reichlich mit diesem lebenswichtigen Gas versorgte Zellen funktionieren gut und bleiben lange jung und vital. Im Gegensatz dazu besitzen alternde Zellen oft zu wenig Sauerstoff. Gänzlich vom Sauerstoffstrom abgeschnitten sind Krebszellen. Wer lange jung bleiben möchte, muss dafür sorgen, dass er sich ausreichend mit diesem lebenswichtigen Gas versorgt.

So verbessern Sie Ihre Sauerstoffbilanz

- Damit Sauerstoff in den Körper gelangt, müssen die einzelnen Sauerstoffmoleküle aus der Atemluft über die Lungen in das Blut aufgenommen werden. Besonders viel Sauerstoff kommt in die Lungen, wenn wir Sport treiben und dabei tief atmen. Das ist wie eine Sauerstoffdusche von innen. Regelmäßiger Sport an frischer Luft pumpt dieses Gas des Lebens in den Körper.
- In den Lungen »besteigen« die Sauerstoffteilchen eine Art Taxi, den roten Blutfarbstoff, das eisenhaltige Hämoglobin. In diesem Träger reist der Sauerstoff zu den Geweben und wird dort wieder abgegeben. Die Beladung des Hämoglobins mit dem Sauerstoff gelingt umso besser, je kälter die Luft in der Lunge ist. Im Gewebe muss der Sauerstoff sein »Gefährt« wieder verlassen. Dies gelingt umso leichter, je wärmer es im Gewebe ist. Sport schafft auch hier ideale Voraussetzungen, indem er kräftig einheizt. Dies erklärt, warum Wintersport so erholsam ist. Die eingeatmete Luft ist sehr kalt, der Sauerstoff kann reichlich vom Lungengewebe aufgenommen werden; umgekehrt ist dagegen durch die Bewegung das Muskelgewebe sehr warm, der Sauerstoff kann sehr leicht wieder abgegeben werden. Wenn wir körperliche Arbeit leisten und viel Stoffwechselwärme erzeugen, wird in den Muskeln mehr Sauerstoff abgegeben als in Ruhe, wenn es dort kühler ist.

Vorsicht Vergiftung!

Mit der heutigen Atemluft gelangen regelmäßig auch Gase in die Lungen, die kleine Verätzungen an den empfindlichen Bronchien verursachen und somit eine Sauerstoffaufnahme behindern. Es sind dies insbesondere die in Abgasen und im Smog enthaltenen Gase wie Stickoxide, Schwefelsäure, Salpetersäure, chemische Radikale, zum Beispiel das Ozon, und Kohlenwasserstoffe. Die dadurch erzeugten verborgenen Entzündungen in den Tiefen der Lungen verlaufen meist unbemerkt, denn dort gibt es keine Schmerzrezeptoren. Zahlreiche solcher Entzündungsherde führen schließlich zu einer Verdickung der Membranen in der Lunge, wodurch der Sauerstoff nur noch ungenügend aufgenommen werden kann. Meiden Sie daher Sport an oder in der Nähe von stark befahrenen Straßen!

Ferner wird in Ballungsgebieten das Sauerstoffangebot zunehmend geringer, denn Verbrennungsprozesse, Kraftfahrzeuge und viele Industriebetriebe benötigen Sauerstoff für ihre Energieerzeugung – so wie der Mensch für die Verbrennungsprozesse in seinem Körper. Die Sauerstoffbildung in der Natur erfolgt durch Pflanzen, vor allem durch die grünen Blätter und das Meeresplankton. Die meist dürftige Bepflanzung in den Großstädten reicht dafür, vor allem im Winter, nicht mehr aus; es fehlt an Sauerstoff. Treiben Sie daher bevorzugt in Waldgebieten Sport. Besonders an bewölkten und feuchten Tagen läuft die Sauerstoffproduktion in den Pflanzen auf Hochtouren.

Sauerstoff ist der Champagner unter den Lebenselixieren: Er geht sofort ins Blut und macht munter. Gehen Sie daher täglich an die frische Luft, und lüften Sie Ihre Wohnung regelmäßig

Bei zu starker Sonneneinstrahlung schließen die Pflanzen ihre »Pforten« für den Sauerstoffaustritt, damit weniger Wasser verdunstet.

Bei sehr vielen Verbrennungsprozessen (auch beim Auto) entsteht ein weiteres giftiges Gas, das so genannte Kohlenmonoxid. Dieses unsichtbare Gift bindet sich bis zu dreihundertmal stärker an den roten Blutfarbstoff als der Sauerstoff. Damit verdrängt es die Sauerstoffmoleküle. Da sich diese Verbindung von Kohlenmonoxid und Hämoglobin bis zu sechs Wochen lang halten kann, entsteht eine Anhäufung von Kohlenmonoxid im Blut. Gleichzeitig stehen nun nicht mehr so viele »Taxis« für den Sauerstofftransport zur Verfügung, so dass ebenfalls weniger Sauerstoff in das Gewebe gelangt.

Rauchen mit viel Kohlenmonoxid im Inhalationsvolumen verstärkt das Problem. Messungen zufolge bleiben regelmäßig mehr als 75 Prozent des Kohlenmonoxids im Körper, wenn auf Lunge geraucht wird. Geben Sie daher das Rauchen auf, und halten Sie sich nicht länger als notwendig in verrauchten Räumen auf.

Ein mangelhafter Sauerstofftransport kann aber auch Folge falscher Ernährung sein. Normalerweise ändert das Eisen im Hämoglobin bei der Sauerstoffanlagerung seine Wertigkeit vorübergehend, das heißt, es pendelt zwischen zwei Wertigkeitszuständen.

Wenn nun in der Nahrung zu viel Nitrat enthalten ist, dann entsteht ein verändertes Hämoglobin, das fortan für den Sauerstofftransport ausfällt. Daher:

- Meiden Sie überdüngtes Gemüse und gepökelte Fleisch- und Wurstwaren.
- Erkundigen Sie sich bei Ihrem Wasserwerk nach den Nitratwerten im Trinkwasser. Vor allem Wasser aus landwirtschaftlich stark genutzten Gegenden und in Weinbaugebieten ist oft stark mit Nitrat belastet.
- Kinder sind durch Nitrate besonders gefährdet, weil ihnen das Enzym fehlt, das bei Erwachsenen das Hämoglobin wieder funktionsfähig macht.

Sauerstoffmangel erzeugt Energiemangel

Ist im Körper erst einmal ein Sauerstoffmangel eingetreten, so setzt dieser einen fatalen Kreislauf in Gang. Im Körper wird permanent der Sauerstoffgehalt im Blut gemessen. Zu wenig Sauerstoff löst Gegenmaßnahmen aus. Diese Maßnahmen haben sich im Lauf der Evolution als sinnvoll erwiesen, sind aber bei der heutigen Lebensweise problematisch. Die Lebensdauer eines roten Blutkörperchens beträgt rund 100 bis 120 Tage. Ist es mit Kohlenmonoxid blockiert, so fällt es für einen Teil dieser Zeit aus. Das wäre prinzipiell nicht so schlimm, denn pro Minute werden 160 Millionen rote Blutkörperchen neu ersetzt. Heikel wird die Angelegenheit erst dadurch, dass auch die neuen Blutzellen sofort wieder blockiert werden, wenn weiterhin belastete Luft in den Körper gelangt. Für den Organismus stellt es sich so dar, als ob in der Umgebung zu wenig Sauerstoff vorhanden wäre. Das Gehirn »glaubt« also, man würde sich in größeren Berghöhen aufhalten. In diesem Fall wird ein Hormon, das Erythropoetin, das zu 90 Prozent in der Niere und zu 10 Prozent in der Leber gebildet wird, aktiviert. Dieses Hormon regt im Knochenmark die vermehrte Produktion von Blutzellen an, damit mehr Transportmöglichkeiten für die kostbare Sauerstofffracht zur Verfügung stehen. Dieser

Rauchen fördert den vorzeitigen Verschleiß nahezu aller Körperstrukturen. Es blockiert den Sauerstofftransport in die Zellen und führt damit zu Erschöpfung und Müdigkeit. Es fehlt der Atem zum Leben. Rauchen Sie nicht, und meiden Sie rauchende Zeitgenossen!

Prozess braucht fünf Tage, wird aber so lange fortgesetzt, bis genügend rote Blutkörperchen für die physiologische Sauerstoffversorgung vorhanden sind. Mit diesem sinnvollen Mechanismus konnte im Verlauf der Evolution einem Sauerstoffmangel in großen Höhen wirksam begegnet werden. In der kontaminierten Stadt- und Industrieluft ist dies jedoch eine Spirale ohne Ende. Die neugebildeten Transporter werden sofort von Kohlenmonoxid geentert und fallen wieder für den Sauerstofftransport aus. Der Sauerstoffmangel im Blut hält an und bewirkt immer wieder Zellneubildungen. Dadurch wird das Blut viel zu dick, es fließt nicht mehr so gut und verstopft die Kapillaren. Das hat zur Folge, dass zu wenig Sauerstoff in das Gewebe gelangt und ein weiterer Energiemangel entsteht. Es ist also lebenswichtig, immer wieder frische Luft in die Lungen zu pumpen. Gehen Sie deshalb, wenn Sie in der Stadt leben, am Wochenende unbedingt hinaus in die freie Natur, um sich dort ausgiebig zu bewegen.

Die Kraft

der Hormone

Winzige Botenstoffe steuern und manipulieren uns, ohne dass wir es so richtig merken. Hormone sind an allen Lebensprozessen beteiligt. Das kann man auch für das persönliche Wohlbefinden nutzen.

Hormone als Drahtzieher des Lebens

Wenn eine zärtliche Berührung das Blut in Wallung bringt, eine schlimme Nachricht den Teint erblassen lässt, eine freudige Botschaft Glücksgefühle erzeugt oder man abends müde wird – all diese Reaktionen werden durch Hormone gesteuert.

Hormone sind körpereigene Wirkstoffe, die in speziellen Drüsen gebildet werden und in winzigsten Mengen (1 Mikrogramm bis 1 Milligramm*) Stoffwechselreaktionen hervorrufen. Mit dem Blutstrom oder über die Lymphbahnen gelangen diese kleinen Informationsträger zu den Erfolgsorganen. Damit kein Durcheinander entsteht, besitzen diese Organe Rezeptoren, also bestimmte Oberflächenstrukturen, an denen nur das genau passende Hormon andocken kann. Durch dieses »Ohr« flüstert der Wirkstoff dann der Zelle seine Botschaft zu. Dadurch wird verhindert, dass eine Zelle den falschen Befehl erhält. Neben den inneren Drüsen können auch spezialisierte Gewebezellen (z. B. in Darm, Niere, Immunsystem, Nerven, Gehirn) Hormone und andere Botenstoffe produzieren.

Das Wort Hormon stammt von dem griechischen Wort *hormao* ab, was »ich bewirke, ich löse aus« bedeutet. Damit wird die Aufgabe eines Hormons genau definiert: Es ist eine Substanz, die den Organismus antreibt und auf Touren bringt oder aber auch dämpft. Die Hormone sind im Körper geradezu generalstabsmäßig organisiert, mit einem obersten Chef und verschiedenen Hierarchieebenen; dazwischen gibt es zahlreiche Kommunikationsmöglichkeiten, damit die einzelnen »Befehle« mit hoher Präzision ausgeführt werden. Fehler in diesem Netzwerk beeinträchtigen immer die Gesundheit, können sogar lebensgefährlich sein. Stellen Sie sich vor, Sie bräuchten einen Energieschub, um vor einem heranrasenden Auto davonzulaufen, und Ihr Körper gibt den Befehl zum Schlafen!

Fehler im Hormonhaushalt aufzuspüren ist nicht einfach und erfordert eine sorgfältige Untersuchung. Ebenso gehört eine Hormontherapie in die Hände eines erfahrenen Arztes.

Als Botenstoffe steuern die Hormone die 100 Billionen Zellen des Körpers und die 10 Milliarden Gehirnzellen. Derzeit sind etwa 100 Hormone bekannt, jährlich werden weitere entdeckt und in ihrer Wirkung entschlüsselt.

* 1 Mikrogramm = 1 Millionstel Gramm; 1 Milligramm = 1 Tausendstel Gramm

Die Königin der Hormondrüsen ist die Hirnanhangsdrüse (Hypophyse) an der Hirnbasis. Sie steuert andere Hormondrüsen, wie etwa die Schilddrüse, die Nebennieren oder die Keimdrüsen. Sie selbst wird durch die Hormone des Hypothalamus, einer benachbarten Gehirnregion, dirigiert. Alle diese Organe kommunizieren über Botenstoffe miteinander. Hinter der Wirkung eines Hormons steht also eine ganze Reihe von »Kommunikationsschritten«.
Hormone sind für die unterschiedlichsten Reaktionen verantwortlich, wie beispielsweise die Geschwindigkeit von Stoffwechselreaktionen (Schilddrüse), den Monatszyklus bei der Frau (Östrogen/Gestagen), das Schlaf-/Wachverhalten (Melatonin), die Lust auf Liebe (Oxytocin) oder den plötzlichen Energieschub bei Stress (Adrenalin).

Hormone als Mittler zwischen Körper und Seele

Hormone sind es auch, die seelische Empfindungen in körperliche Symptome umsetzen (z. B. Freudentränen, Erröten, plötzlicher Harndrang) und so krank machende oder heilende Prozesse steuern. In der Tat: Hormon-, Nerven- und Immunsystem sind eng miteinander verknüpft und sprechen die gleiche Sprache. Zahlreiche Hormone werden im Gehirn und Immunsystem »verstanden«, ebenso reagieren die Hormondrüsen auch auf die Botenstoffe aus Gehirn und Immunsystem.
Zwischen diesen drei Systemen findet ein reger Informationsaustausch statt. Je besser dieser klappt, desto stabiler ist die Gesundheit des jeweiligen Menschen. Umgekehrt bedeuten »Fehlinformationen« und »Missverständnisse« auf diesen Ebenen eine Schwächung der Gesundheit bis hin zu Unwohlsein und Krankheit. Befinden sich Hormonhaushalt, Immun- und Nervensystem im Lot, so fühlt man sich fit und ist gesund. Auch die Lebensenergie fließt nicht so schnell ab.
Hormone gehören derzeit zu den heißesten Waffen gegen das Altern. Tatsache ist: Mit fortschreitendem Lebensalter lässt auch die Hormonproduktion nach, Pillen sollen hier helfen.

Sexualhormone für Schönheit und Sieg

Typisch männlich – typisch weiblich, das ist ein Werk der Sexual- oder Geschlechtshormone. Diese Hormone steuern die Ausbildung und Funktion der Fortpflanzungsorgane und die Entwicklung der sekundären Geschlechtsmerkmale. Diese Stoffe haben aber auch Auswirkungen auf den Allgemeinstoffwechsel und die Psyche. Die männlichen Hormone sind die Androgene, darunter das wichtige Hormon Testosteron; die weiblichen Hormone sind die Östrogene (Östrogen) und Gestagene (Progesteron). Beide Arten von Hormonen werden sowohl im männlichen als auch im weiblichen Körper gebildet. Ihr Mengenverhältnis macht jedoch den Unterschied aus.

Östrogene für die Schönheit

Östrogen – hinter dem Begriff verbergen sich mehr als 30 Einzelhormone – ist das Superhormon der Frau. Es führt im weiblichen Körper Regie und greift in die meisten Stoffwechselvorgänge ein:

- Es steuert den Monatszyklus, die Schwangerschaft und die Wechseljahre.
- Es macht die Haut glatt und die Haare glänzend.
- Es sorgt für die typisch weibliche Figur.
- Es schützt vor Herz-Kreislauf-Erkrankungen, Arteriosklerose und Osteoporose.
- Es versorgt den Körper mit jugendlichem Schwung.

Die Östrogenkonzentration im Blut schwankt im Verlauf des Zyklus. Sie ist während des Eisprungs (Zyklusmitte) am höchsten. Wenn der Östrogenhaushalt stimmt, fühlt sich eine Frau wohl.

Das können Sie für Ihre Östrogenbilanz tun

- Meiden Sie Rauchen und übermäßigen Alkoholgenuss. Diese Laster drosseln die Östrogenproduktion.
- Auch Dauerstress kostet Hormone. Daher: Für regelmäßige Entspannungspausen sorgen.

- Meiden Sie Zucker und fettes Essen; bevorzugen Sie dagegen frische, natürliche Kost.
- Wichtige Faktoren in der Ernährung sind insbesondere ausreichend Eiweiß (mageres Fleisch, Fisch, Tofu, Sojaerzeugnisse), viel Kalzium und Magnesium (Milch- und Milchprodukte) und reichlich Vitamine (Obst und Gemüse).
- Regelmäßige Bewegung, ausreichend Sex und genügend Schlaf sowie eine geordnete Lebensführung erzeugen ein Östrogendauerhoch.
- Suchen Sie bei Zyklusstörungen, nachlassendem Wohlbefinden und unerklärlichen Alterungserscheinungen des Körpers einen Frauenarzt auf. Möglicherweise steckt eine Hormonstörung dahinter.

Testosteron – der Stoff der Sieger

Testosteron ist das wichtigste männliche Hormon, das die äußere Erscheinung, das Denken und Fühlen sowie Lust und Leidenschaft des Mannes bestimmt. Testosteron wirkt – über eine Reihe weiterer Botenstoffe – angenehm auf den Organismus. Es kurbelt den Stoffwechsel an, macht also fit und munter, steigert den Geschlechtstrieb und fördert die Durchblutung von Organen und peripheren Geweben. Die Haut sieht fester und gesünder aus und reagiert überdies empfindlicher auf Sinnesreize aller Art. Ferner wird sie »männlicher«, das heißt, dicker, fettiger und grobporiger. Unter Testosteronbeschuss wachsen – bei enstprechendem Training – die Muskeln besser und schneller, da die Eiweißverwertung optimiert wird (anabole Wirkung). Am Kopf ist Testosteron für eine verstärkte Neigung zur Glatzenbildung, im Kopf für gute Laune, mehr Mut, Durchsetzungskraft und Entschlossenheit verantwortlich. Im Verhalten fördert Testosteron aggressives und selbstbewusstes Auftreten – Eigenschaften, die den Weg auf der Karriereleiter nach oben ebnen.

Hormone entscheiden darüber, ob wir Gewinner oder Verlierer sind, beruflich wie privat. Es lohnt sich daher, den Hormonhaushalt im Gleichgewicht zu halten

So bringen Sie Ihren Testosteronhaushalt in Schwung

- Für Ihren Testosteronhaushalt gibt es nichts Besseres, als sich möglichst oft der Liebe hinzugeben. Das männliche Sexualhormon macht gewaltig Appetit auf Sex (auch bei Frauen! Bei ihnen werden geringe Testosteronmengen in den Nebennieren gebildet), weckt die »Schmetterlinge im Bauch« und sorgt dann auch für entsprechendes Stehvermögen und Höchstleistungen beim Mann. Der Lohn: Das Zusammensein von Mann und Frau setzt weitere Stoffe frei, die zur Verbesserung des Lebensgefühls beitragen: Highmachende Endorphine und das Oxytocin, der Hormongarant für seelische Ausgeglichenheit und souveränes Auftreten.

- Treiben Sie Sport, aber übertreiben Sie es nicht. Regelmäßiger Sport hält die Testosteronproduktion in Gang, Sport bis zur Erschöpfung senkt den Pegel wieder.
- Achten Sie auf eine ausreichende Versorgung mit Vitaminen und Mineralien, also frisches Obst und Gemüse essen.
- Die Spurenelemente Mangan und Molybdän sind für die Testosteronproduktion besonders wichtig. Mangan kommt in Nüssen, Weizenkeimen, grünen Blattgemüsen, Petersilie und Mungobohnen vor; Molybdän ist in Soja, Rotkohl, grünen Battgemüsen, Buchweizen und Weizenkeimen enthalten.
- Meiden Sie fette Mahlzeiten. Diese senken erwiesenermaßen den Testosteronspiegel. So konnte in einer Untersuchung an der Universität von Utah in Salt Lake City gezeigt werden, dass nach einer sehr fettreichen Mahlzeit der Testosteronspiegel um 50 Prozent absinkt.
- Rauchen und übermäßiger Alkoholgenuss bekommen den testosteronproduzierenden Drüsen nicht besonders gut.
- Sexualhormone sprechen auch besonders gut auf romantische Sonnenuntergänge, Spaziergänge im Mondlicht, durchsichtige Stoffe und ähnliches an!

Stresshormone – vom Stresskiller zum Stressfaktor

Stress und Ehrgeiz sind wohl die stärksten Triebkräfte, die einen Menschen dazu bringen, seine körperlichen Bedürfnisse weitge-

hend zu ignorieren und an seine Grenzen zu gehen. Dass sich die Langzeitwirkungen von Stress massiv am Lebensende bemerkbar machen, wird eher verdrängt.
Doch genau das ist der Fall: Stress kostet Lebensjahre, da sich im Gewitter der Stresshormone die Lebensbatterie zu schnell entlädt. Stresshormone bringen den Organismus auf Höchstgeschwindigkeit, geradezu auf die »Überholspur«, und holen das Letzte aus ihm heraus. Das kostet Unmengen des kostbaren Lebenssprits!
Wenn ein Organismus auf eine außergewöhnliche Belastung – eine besondere Gefahrensituation, eine schlimme Nachricht oder einen schweren Infekt – reagieren muss, werden bestimmte Notfallmechanismen in Gang gesetzt. Diese sorgen dafür, dass der Mensch körperlich und seelisch mit der Gefahr fertig wird. Es werden hierbei alle verfügbaren Kräfte mobilisiert, um eine solche Ausnahmesituation zu bewältigen. Dabei gerät das innere Milieu – kurzfristig – aus dem normalen physiologischen Gleichgewicht. Das aus der Nebenniere ausgeschüttete Hormon Adrenalin ist in erster Linie für dieses Feuerwerk im Körper verantwortlich. Unterstützt wird es dabei von dem Hormon Noradrenalin, das aber auch eine gewissen Kontrollfunktion ausübt.
Bei längerfristigen Stresszuständen setzt die Nebenniere das Hormon Kortisol frei. Alle diese Hormone sorgen dafür, dass der Körper in einen überaktiven Zustand gelangt: Die Herztätigkeit nimmt zu, der Blutdruck steigt, die Bewegungen werden rasch und zielgerichtet, die Abwehr wird gedrosselt, das Blut mit Fett und Zucker energetisch aufgeladen.
Der ganze Körper wird auf Aktivität vorbereitet. Die mobilisierten Hormone dienen der Lebensrettung, die bereitgestellten Energien sollen durch Kampf oder Flucht verbraucht werden. Ist die Gefahr vorüber, schaltet das Gehirn das Notfallprogramm wieder ab und leitet eine Ruhe- und Entspannungsphase ein. Nach dieser als angenehm empfundenen Erschöpfung befindet sich der Stoffwechsel wieder im Lot. Ist das Stressereignis nur von kurzer Dauer und wird es adäquat abreagiert, so schadet das dem Organismus nicht, im Gegenteil, er wird zu Höchstleistungen angespornt.

Stresshormone sind Überlebenshilfen bei Gefahr. Werden sie jedoch durch einen aufreibenden Alltag fortwährend stimuliert, verkehrt sich ihre Wirkung ins Gegenteil: Sie werden zur Überlebensfalle, indem sie den Organismus schneller verschleißen lassen

Dieser Ablauf ist seit Jahrtausenden im Erbgut einprogrammiert und ein sinnvoller Überlebensmechanismus für Notzeiten.
Ziehen sich aber Stresszustände über Wochen und Monate hin und werden nicht angemessen abreagiert, so leidet immer die Gesundheit. Durch den körperlichen Alarmzustand ist der Organismus ständig darauf vorbereitet, auf eine Gefahr etwa mit Flucht zu reagieren. Doch in den Stress auslösenden Situationen unseres Berufsalltags ist Körpereinsatz nicht möglich oder falsch.
Anders als bei unseren Vorfahren erfordert Stress heute in den wenigsten Fällen körperliche Aktivität. Im Alltag kommt es nur ganz selten vor, dass man um sein Leben rennen oder sich gegen einen Angreifer körperlich wehren muss. Das Gehirn kann aber zwischen »harmlosen« und lebensgefährlichen Reizen nicht unterscheiden, die programmierten physiologischen Veränderungen laufen immer in der gleichen Weise ab. In den meisten Fällen kann im modernen Alltag das aufgebaute Energiepotential nicht abreagiert werden, die biologischen Veränderungen dauern somit an: Die Muskeln bleiben angespannt, Pulsfrequenz und Blutdruck bleiben erhöht, und der Organismus wird weiterhin mit nicht benötigten Energieträgern (Fett und Zucker) überschwemmt. Und genau das macht diese Reaktion so unangenehm, ermüdend und in manchen Fällen sogar lebensbedrohend.
Ein gewisses Maß an Stress ist verträglich und auch nötig, spornt er doch zu Höchstleistungen und Erfolgserlebnissen an und verleiht – wenn er überstanden ist – ein gewisses Maß an innerer Zufriedenheit. Normale Stressreize haben eine physisch wie psychisch stimulierende Wirkung auf den Körper. Doch im heutigen Alltag wird aus dieser positiven Kraft schnell eine Gesundheitsfalle. Achten Sie daher auf die folgenden Stresssymptome. Sie sind stets ein Warnzeichen dafür, dass Stress den Körper überlastet.

Kortisonpräparate – Stress auf Rezept

Manchmal kann eine Stresssituation im Körper auch künstlich herbeigeführt werden, nämlich dann, wenn man das Stresshormon als Pille schluckt. Synthetische Kortisolverbindungen, die so genannten Kortisone, lindern lebensbedrohliche Asthmaanfälle,

Schockzustände oder rheumatische Beschwerden. Kortison wirkt abschwellend, fiebersenkend, antiallergisch und entzündungshemmend. So hilfreich und berechtigt ein solches Medikament im Notfall ist, so darf nicht vergessen werden, dass es nicht die Ursachen einer Krankheit beseitigt, sondern nur die Symptome lindert, gleichzeitig aber schwere Nebenwirkungen verursachen kann. Die meisten Menschen fühlen sich deshalb bei einer Kortisontherapie nicht besonders wohl. Außerdem kostet der permanente künstliche Stresszustand Lebensenergie. Die Indikation zu einer Kortisontherapie sollte daher sorgfältig gestellt werden.

Achtung Stresssymptome!

Die folgenden Symptome sind ein Anzeichen dafür, dass Sie unter zu viel Stress leiden und Ihre Lebensbatterie leckt.

- Angst und Unruhezustände
- Gereiztheit und Aggressivität
- Verlust der Lebensfreude
- Schlafstörungen
- Erschöpfung und Müdigkeit
- Chronische Kopf-, Nacken- und Rückenschmerzen, verursacht durch Verspannungen der Skelettmuskulatur
- Anfälligkeit gegenüber Infektionskrankheiten
- Spannungskopfschmerzen
- Herzklopfen
- Durchfall
- Ständige Mundtrockenheit
- Schweißausbrüche
- Gewohnheitsänderungen (insbesondere verstärkter Konsum von Genussmitteln wie Alkohol, Kaffee, Zigaretten)
- Nachlassende Konzentrationsfähigkeit
- Appetitlosigkeit
- Heißhungerattacken
- Kreislaufstörungen
- Nervosität
- Leistungsminderung
- Magenschmerzen

- Stottern oder nervöses Lachen
- Häufiger Harndrang
- Häufige Verletzungen
- Ausgeprägte Ungeduld

Wenn Sie an vier oder mehr der oben genannten Symptome seit mehr als drei Monaten leiden, sollten Sie Ihr Leben auf vermeidbare Stressfaktoren überprüfen und lernen, mit den unvermeidbaren Stressoren angemessen umzugehen.

Entlarven und bekämpfen Sie Ihre Stressfaktoren

Der richtige Umgang mit Stress verlängert Ihr Leben: Entrümpeln Sie daher Ihren Alltag von Stressoren aller Art, oder ändern Sie Ihre innere Einstellung. Beides macht das Leben leichter und länger

Ein Stressfaktor ist jede Belastung, die das Gleichgewicht des Organismus stört. Stress ist im Wesentlichen der Anteil an Belastung und Verschleiß, den das Leben mit sich bringt und mit dem der Organismus fertig werden muss. Was jedoch individuell als stressig empfunden wird, ist sehr unterschiedlich, denn jeder Mensch hat seine persönliche Stresstoleranz. Die folgenden Faktoren werden von den meisten Menschen als stressig empfunden:

- Permanenter Lärm
- Überfüllter Terminkalender/Zeitdruck
- Genussgifte
- Schlafmangel
- Unzufriedenheit
- Ziel- oder Sinnlosigkeitsgefühle
- Berufliche Überforderung
- Berufliche Unterforderung
- Existenzängste
- Finanzielle Sorgen
- Einschneidende Lebensereignisse (z. B. Pensionierung, fristlose Kündigung, Tod eines Verwandten, Scheidung etc.)
- Belastende Partnerschaft

Es gibt kein Patentrezept, wie man ein möglichst stressfreies Leben führen kann. Auch ist die individuelle Stresstoleranz sehr unterschiedlich. Jeder Mensch hat im Lauf seines Lebens gelernt, wie man sich am besten vor diesem Krafträuber schützen kann.

Die folgenden Tipps sind Empfehlungen anerkannter Stresstherapeuten.

- Überprüfen Sie anhand der Übersicht, welche Stressfaktoren Sie aus Ihrem Leben verbannen können. Nicht immer ist es möglich, sich dem Einfluss von Stresssituationen zu entziehen, aber die jeweilige Betrachtungsweise lässt sich ändern. Bemühen Sie sich, in schwierigen Situationen eher eine Herausforderung, einen Ansporn zu größerem Einsatz zu sehen und nicht so sehr eine Sie überrollende Katastrophe. Akzeptieren Sie Dinge, die Sie nicht ändern können.
- Setzen Sie sich nicht durch ein zu umfangreiches Arbeitspensum und zu großen Ehrgeiz unter Druck. Warten Sie nicht, bis Ihnen eine Krankheit die eigene Entbehrlichkeit vor Augen führt. Achten Sie auf eine realistische Zeiteinteilung, und packen Sie nicht zu viele Aktivitäten in den Tag.
- Planen Sie regelmäßige »Verschnaufpausen« in Ihrem Alltag ein, etwa durch Entspannungsübungen, Spazierengehen etc. Kein Mensch verträgt es, ständig durchs Leben zu hetzen.
- Vermeiden Sie Freizeitstress, indem sie jede Minute verplanen. Jeder Organismus braucht auch Ruhepausen, um Reize zu verarbeiten.
- Nehmen Sie sich Zeit für Geselligkeit oder ein Hobby. Sie bauen dadurch Stress ab und werden gegen weitere Stressreize immun.
- Finden Sie heraus, was Sie nach einem stressigen Arbeitstag am schnellsten wieder ins Gleichgewicht bringt, und setzen Sie dies gezielt ein: zum Beispiel ein gutes Buch lesen, ins Kino gehen, Sex mit dem Partner machen, ein entspannendes Bad nehmen, mit dem Hund spazierengehen etc.
- Treiben Sie regelmäßig Sport. Dosiert betriebener, nicht wettbewerbsorientierter Ausdauersport ist durch seine Muskelbeanspruchung und entspannende Wirkung eine hervorragende Möglichkeit der Stressbewältigung. Ein trainiertes, ökonomisiertes

Herz-Kreislauf-System kommt mit Stresssituationen besser zurecht. Je mehr ein Mensch trainiert ist, desto geringer ist auch in Stresssituationen die Ausschüttung der Stresshormone. Gleichzeitig senkt Sport einen bereits erhöhten Stresshormonspiegel.

- Erlernen Sie eine Entspannungstechnik, wie beispielsweise autogenes Training, Yoga, progressive Muskelentspannung, Atemübungen etc. Sie beugen dadurch Muskelverspannungen unter Stress vor und stabilisieren Ihr vegetatives Nervensystem.
- Seien Sie großzügig mit Streicheleinheiten! Hautkontakt stimuliert die Ausschüttung von Oxytocin. Dies erzeugt ein Gefühl von wohliger Zufriedenheit und Geborgenheit, das sich im ganzen Körper ausbreitet und die Psyche gegen Stress schützt.
- Bringen Sie Abwechslung in Ihr Leben. Permanente Eintönigkeit kann auch ein Stressfaktor sein. Hier hilft die belebende Kraft neuer Reize, etwa ein sinnvoll genutzter Urlaub, ein unterhaltsamer Wochenendausflug, Kino, Theater, ein neues Hobby. Entspannen kann auch durch Umspannen erfolgen.

Atmen gegen Stress

Richtig durchgeführte Atemübungen können ungemein beruhigend und entspannend wirken. Am besten erlernt man sie unter fachkundiger Anleitung. Eine einfache und gut verträgliche Atemübung ist die folgende »Basisatmung« aus dem Yoga. Dadurch kommt man nach einem stressigen Tag wieder ins Lot. Die Übung geht wie folgt:
Setzen Sie sich aufrecht und entspannt auf einen Stuhl. Legen Sie die Hände auf den Bauch, und erspüren Sie die Atembewegung. Lassen Sie den Atem frei fließen. Schnuppern Sie wie ein Hund kurz mehrere Male durch die Nase ein, und atmen Sie ruhig aus. Entspannen Sie bei der Ausatmung. Beim Ausatmen lassen Sie innerlich wie äußerlich los. Nehmen Sie die Bewegung des Zwerchfells in der Leibmitte wahr. Schnuppern Sie zweimal kurz ein und dann zweimal kurz aus. Beobachten Sie dabei Ihr Zwerchfell. Legen Sie die Hände wieder auf den Bauch, und lassen Sie der Atmung immer mehr Raum.
Dehnen Sie sich zum Abschluss, und gähnen Sie. Sie werden sich erfrischt fühlen.

Schilddrüsenhormone für das richtige Tempo im Körper

Wie ein Schmetterling schmiegt sich die Schilddrüse an das obere Ende der Luftröhre und an den Kehlkopf. Diese kleine Drüse im Hals produziert unter »Anleitung« der Hirnanhangsdrüse drei Hormone, die den ganzen Organismus auf Trab bringen. Thyroxin, Trijodthyronin und Kalzitonin. Während das Kalzitonin vor allem den Kalziumstoffwechsel reguliert und damit den Blutdruck und die Knochendichte beeinflusst, sind Thyroxin und Trijodthyronin wahre Powerhormone für den Organismus:

- Sie steuern die Energieversorgung und sind damit verantwortlich für die schlanke Linie.
- Sie regulieren den Wärmehaushalt.
- Sie machen leistungsfähig, ausdauernd und sorgen für gute Laune, kurbeln also den Stoffwechsel an.
- Sie sorgen für seelische Ausgeglichenheit.
- Sie machen Lust auf Sex.

Stimmt die Bilanz der Schilddrüsenhormone nicht, so hat das überaus unangenehme Folgen für das gesamte Wohlbefinden.

Symptome bei Schilddrüsenfehlfunktionen

Schilddrüsenüberfunktion	Schilddrüsenunterfunktion
Plötzliche Gewichtsabnahme ohne Diät	Plötzliche Gewichtszunahme ohne Änderung der Ernährungsgewohnheiten
Schlaflosigkeit	Erhöhtes Schlafbedürfnis
Starkes Schwitzen	Erhöhte Kälteempfindlichkeit, leichtes Frieren
Nervosität und Unruhe	Trägheit, Depression, Antriebsschwäche
Herzrasen, schneller Puls Durchfall	Langsamer Puls Verstopfung
Feuchte, glänzende Haut	Trockene, blasse Haut

Da Schilddrüsenhormone den »inneren Motor« von Grund auf einstellen und somit über den Energieverbrauch entscheiden, sollte man entsprechende Beschwerden immer ernst nehmen und für Abhilfe sorgen. Sie vergeuden sonst kostbare Lebensenergie.

So halten Sie Ihre Schilddrüsenhormone in Schwung

1. Jod ist der Treibstoff der Schilddrüse und zur Produktion von Thyroxin und Trijodthyronin erforderlich. Achten Sie daher auf ausreichend Jod in Ihrer Ernährung. Jodhaltig sind alle Meeresprodukte wie Fisch, Muscheln, Schaltiere, Algen, Seetang, aber auch jodiertes Speisesalz und manche Mineralwässer.
2. Die Schilddrüse ist ein recht störanfälliges Hormon. Neben Jodmangel können auch Entzündungen, Vergiftungen oder Autoimmunerkrankungen zu ihrem Entgleisen führen. Lassen Sie sich von einem Facharzt untersuchen, wenn Sie sich nicht wohl fühlen.
3. Die Schilddrüse reagiert auch auf Stress, vor allem auf Dauerstress. Hierdurch kann es zum Entgleisen kommen. Achten Sie also auf eine entspannte Lebensführung.

Schlank durch Schilddrüsenhormone

Arbeitet die Schilddrüse auf Hochtouren, wird die Nahrung im Körper optimal verbrannt – die beste Voraussetzung, um schlank zu bleiben. Und so gibt es Schlankheitspillen, die Schilddrüsenhormone enthalten. Von solchen »Schlankmachern« muss dringend abgeraten werden. Nur wenn das Übergewicht durch eine Funktionsstörung der Schilddrüse verursacht ist, können Hormongaben helfen; ihre Einnahme muss aber unbedingt unter regelmäßiger ärztlicher Kontrolle erfolgen. Ist Übergewicht aber durch zu gutes Essen und zu wenig Bewegung verursacht, so schadet ein solches Hormonexperiment eher der Gesundheit, als dass es hilft, tatsächlich wieder schlank zu werden.

Mit Wellnesshormonen gegen das Altern

Hormonpräparate sind die derzeit populärste Waffe im Kampf gegen das Altern und laufen – zumindest in Amerika – den Dauerbrennern Vitamine und Mineralien den Rang ab.

Mit fortschreitendem Lebensalter lässt die körpereigene Hormonproduktion nach, am auffälligsten feststellbar bei Frauen in den Wechseljahren. Doch es gibt hier große Unterschiede von Mensch zu Mensch. Die Hormonquellen versiegen mit unterschiedlicher Geschwindigkeit.

Wer es jedoch versteht, seinen Hormonhaushalt möglichst lange »im grünen Bereich« zu halten, kann das Altern hinauszögern und wird sich dabei wohl fühlen. Hormone sind die besten Wegbegleiter für ein langes Leben. Hormonpräparate sollten nur nach einer strengen Indikationsstellung eingenommen werden.

Ein intakter Hormonhaushalt erhöht die Lebensqualität. Diese Wirkstoffe sind ursächlich für das Gefühl von Wohlbefinden und Wellness verantwortlich. Jeder Körper ist schon von Natur aus darauf programmiert, sich wohl zu fühlen. Doch oft verhindern die Lebensumstände, dass sich dieser Zustand einstellt. Wer sich rundum wohl in seiner Haut fühlt, kann sicher sein, dass seine Lebensenergie mit der »richtigen Geschwindigkeit« fließt.

Die folgenden Hormone leisten einen besonders großen Beitrag für jugendlichen Schwung und Vitalität. Es sind die so genannten Wellnesshormone.

Die Drei-S-Regel für Wohlbefinden: Sonnenlicht – Sport – Sex: Damit bringen Sie Ihre Wohlfühlhormone in Schwung und werden topfit. Sie sorgen dafür, dass wichtige Bioparameter wie Schlaf, Laune, Gewicht und sexuelle Lust stimmen.

Wellnesshormone

Hormon	Bildungsort	Das können Sie dafür tun	Wirkung
Dehydroepiandrosteron (DHEA)	Nebennierenrinde, Gehirn	Stress vermeiden	Basishormon für Wohlbefinden; »Mutter« aller Wellnesshormone; Fitmacher fürs Gehirn; Antistressfaktor
Endorphine	Gehirn; verschiedene Körperteile	Sport, Sex	Glückshormone
Serotonin	Gehirn	Sonnenlicht, Snack aus Eiweiß und Kohlenhydraten essen	Gute-Laune-Hormon

Östrogene	Eierstöcke	Sonnenlicht, Sex	Stabilisieren das seelische Gleichgewicht der Frau; Schönheitshormone
Testosteron	Hoden	Sonnenlicht, Sport, Sex	Fördert männliches Temperament, Selbstbewusstsein, Mut und erzeugt Lust auf Liebe (bei beiden Geschlechtern)
Oxytocin	Hirnanhangsdrüse	Schmusen, am besten mit Hautkontakt	Kuschelhormon; erzeugt ein Gefühl von Geborgenheit und Nähe
Melatonin	Zirbeldrüse	Siehe Schlaftipps, Seite 41f.	Guter Schlaf
Thyroxin, Trijodthyronin	Schilddrüse	Jodhaltige Kost (Fische und Meerestiere)	Halten den Stoffwechsel im Gleichgewicht, sorgen für körperliche und seelische Ausgeglichenheit

DHEA – die neueste Altersbremse

Das Nebennierenhormon DHEA (Dehydroepiandrosteron) wurde jüngst als Jungbrunnen sehr populär. Diese Verbindung ist ein Zwischenprodukt bei der Synthese männlicher und weiblicher Geschlechtshormone. Mittlerweile weiß man, dass diese Substanz in vielfältigster Weise ihre Wirkung entfaltet und zahlreiche Vorgänge im Körper günstig beeinflusst, also ein ausgesprochenes »Wellnesshormon« ist. Im Stoffwechselgeschehen ist DHEA vereinfacht ausgedrückt der Gegenspieler des Stresshormons Kortisol und bremst dessen Wirkung auf den Organismus. Es ist eine im Körper überaus häufig vorkommende Verbindung, gewissermaßen die Mutter der Hormone.

In Versuchen zeigte sich, dass DHEA-Gaben die Lebensspanne von Labortieren um etwa 50 Prozent verlängern konnten, die Tiere vitaler und jugendlicher machten und ferner vor Übergewicht und Krebs schützten. Beim Menschen fanden die Forscher heraus, dass niedrige DHEA-Spiegel im Blut mit einem höheren Risiko für Krebs und Altersleiden wie Alzheimer, Osteoporose und Herzinfarkt einhergehen. Festgestellt wurde auch eine immunstärkende und schlaffördernde Wirkung von DHEA. Überdies steuert es die Fettspeicherung im Körper und bestimmt, ob zugeführte Kalorien als Fett abgelagert oder in Wärmeenergie umgewandelt werden. DHEA sorgt für konstantes normales Körpergewicht.

Junge Menschen mit etwa fünfundzwanzig Jahren haben einen maximalen DHEA-Spiegel im Blut. Bei Vierzigjährigen ist er um etwa die Hälfte reduziert. Mit zunehmendem Alter fällt er dann stetig ab. Ein optimaler DHEA-Spiegel kann tatsächlich wie ein Jungbrunnen wirken, allerdings – wie schon Melatonin – über zwei verblüffend einfache Mechanismen: über einen ausgewogenen Hormonhaushalt und über gutes Schlafen. DHEA sorgt für ein erholsames Schlafmuster, das heißt, Tiefschlaf- wechseln sich mit Traumschlafphasen ab.

Dieses Hormon ist ferner der Muntermacher des Gehirns: In den frühen Morgenstunden steigt seine Konzentration an, die Gehirnaktivität nimmt zu, bis der Mensch erwacht. Ein ausreichend hoher DHEA-Spiegel sorgt dafür, dass das Gehirn den ganzen Tag über frisch und munter bleibt.

DHEA ist ein Schutzstoff gegen das Stresshormon Kortisol und die Folgen von übermäßigem Stress. Zu viel Stress lässt jeden Organismus schneller verschleißen. DHEA zieht hier eine Art »Notbremse«.

DHEA-Spiegel lassen sich im Blut gut messen. Nur wenn Mängel festgestellt werden, sollte man mit Pillen nachhelfen. Ansonsten gilt auch hier, dass eine entsprechende Lebensweise die beste Grundlage für einen optimalen DHEA-Pegel im Blut ist. Vor allem Stress sollte bekämpft werden, da Stress und Hektik die schlimmsten DHEA-Räuber sind.

Schlucken Sie nie ohne ärztlichen Rat Hormone. Ihr Leben kann besser oder schlechter, länger oder kürzer werden

DHEA-Experten empfehlen, den in späteren Lebensjahren abgesunkenen DHEA-Spiegel wieder auf jugendliches Niveau anzuheben. Übereinstimmend berichten mit DHEA-behandelte Menschen über eine gesteigerte Vitalität, besseren Schlaf, glattere Haut und erhöhte Libido.

Eine solche Therapie sollte aber immer nur nach einer gründlichen Untersuchung durch einen Arzt erfolgen.

Die besten Tipps für Ihren Wellnesshormonhaushalt

Mit den folgenden Empfehlungen haben Sie lange Freude an Ihren Wellnesshormonen.

- Es ist nicht möglich, für den Hormonhaushalt so gezielt zu essen wie etwa bei Vitamin- und Mineralstoffmangel. Die Hormonbildung lässt sich ferner auch nicht durch bestimmte Nahrungsmittel stimulieren. Hormone profitieren vielmehr von einer in der Summe ausgewogenen Ernährung. Eine abwechslungsreiche Kost ist die beste Grundlage für einen optimal funktionierenden Hormonhaushalt.
- »Feinde« Ihrer Hormone sind Zucker, zu fettes Essen, zu viel Alkohol und Rauchen. Sie ruinieren damit langfristig Ihre Wellnesshormone.
- Für gute Laune und erholsamen Schlaf empfiehlt es sich, Eiweiß und Kohlenhydrate in den Mahlzeiten zu kombinieren. Bereits mit der ersten Nahrung am Morgen wird im Gehirn ein biologisches Montageband angeworfen, das das Gute-Laune-Hormon Serotonin produziert. Die Bausubstanz hierfür stammt aus dem Eiweiß (die Aminosäure Tryptophan), das Produktionstempo wird aber durch die Kohlenhydrate im Essen bestimmt. Bei Dunkelheit wird aus dem Serotonin das Schlafhormon Melatonin gebildet. Eine bewährte Soforthilfe gegen schlechte Laune ist Käse (liefert Tryptophan) mit süßen Weintrauben.
- Bauen Sie regelmäßig squalenhaltige Nahrungsmittel (Oliven, Avocado, Auberginen, Käse, Thunfisch) in Ihren Speiseplan ein. Aus dieser fettähnlichen Verbindung stellt der Körper das Wellnesshormon DHEA her. Ideal ist täglich ein mit Olivenöl angemachter Salat.
- Achten Sie auf ausreichend Mineralstoffe in der Nahrung. Die Enzyme, die Hormone synthetisieren, arbeiten dann besser. Mineralstoffreich sind Obst und Gemüse, Milchprodukte und Getreideerzeugnisse.
- Nehmen Sie ausreichend Vitamin C zu sich. Viele Hormone benötigen es zu ihrer Bildung. Gute Vitamin-C-Lieferanten sind frisches Obst und Gemüse. Meist reicht die Ernährung für eine

Bedarfsdeckung jedoch nicht aus – vor allem im Winter oder bei Vorliegen einer Krankheit. Hier empfiehlt sich die Einnahme von Kalziumascorbatkapseln (an Kalzium gebundenes Vitamin C; in dieser Form ist Vitamin C besonders gut verträglich und wird optimal vom Körper aufgenommen).

- Beugen Sie einem Magnesiummangel vor. Viele Hormone wirken über Reaktionsketten, die Magnesium benötigen. Viel Magnesium enthalten Kakao, Milch, Nüsse und magnesiumreiche Mineralwässer.
- Essen Sie genügend hochwertiges Eiweiß (Getreide, Fleisch, Fisch). Die meisten Hormone kurbeln in der Zelle die Produktion von Proteinen, meist Enzymen, an. Das funktioniert nur, wenn genügend Baustoffe, also Aminosäuren, zur Verfügung stehen.
- Vermeiden bzw. reduzieren Sie Übergewicht. Untersuchungen haben ergeben, dass übergewichtige Menschen eher zu Hormonstörungen neigen als normalgewichtige.
- Nehmen Sie ausreichend ein- oder mehrfach ungesättigte Fettsäuren zu sich. Diese kommen in allen Pflanzenölen und im Fischöl vor. Forschungsergebnisse belegen, dass sich diese Fettsäuren günstig auf den Hormonhaushalt auswirken.
- Bringen Sie Rhythmus in Ihr Leben. Hormone lassen sich zur Regelmäßigkeit erziehen und geraten aus dem Takt, wenn Ihr Leben zu chaotisch verläuft. Bemühen Sie sich daher um eine gewisse Routine. Viel Action und ein unkonventionelles und ungeregeltes Leben mögen zwar spannend sein, doch geraten dabei langfristig die Hormone aus dem Takt (z. B. Zyklusverschiebungen bei Stewardessen).
  Regelmäßigkeit gilt besonders für den Zeitpunkt der Mahlzeiten und die Schlafenszeit. Ein ausgewogener Hormonhaushalt ist immer das Ergebnis einer ausgewogenen Lebensführung.
- Vermeiden Sie Dauerstress. Sie bremsen damit vor allem Ihr Wellnesshormon DHEA aus und bringen langfristig die Hormonproduktion des Körpers durcheinander.

Mehr Energie

richtige

durch die

Lebensweise

Mit den Energievorräten eines Menschen ist es wie mit den Ressourcen unserer Erde: Man kann sie nicht auffüllen, sondern nur ihren Verbrauch drosseln, um ein langes Leben im Körper/auf der Erde zu ermöglichen. Es gibt keine Energiepillen. Doch Energiesparen bedeutet nicht unbedingt Verlust der Lebensqualität – im Gegenteil: Das Leben wird angenehmer und reicher.

Der Vorrat an Lebensenergie ist eine feste Größe; sie kann nicht verändert werden. Doch wie schnell dieser Tank leer wird, darüber entscheidet – neben dem genetisch vorgegebenen Stoffwechseltempo – in hohem Maß der persönliche Lebensstil. Wer die Gesetze des Energiesparens kennt, wird seinen Vorrat nur langsam verbrauchen, ohne deshalb ein langweiliges Leben (Krokodil!) zu führen. Wer mit dem Gesetz der Lebensenergie vertraut ist, wird rasch herausfinden, wo sich Energie sinnvoll und mit Spaß investieren lässt oder wo sie vergeudet wird. Wie die folgenden Kapitel noch zeigen, ist ein die eigenen Ressourcen schonender Gang bei der Fahrt durchs Leben eine äußerst angenehme und beglückende Erfahrung. Je besser Sie Ihre Energiebilanz im Griff haben, desto mehr können Sie das Leben genießen. Den Lohn des Energiesparens spüren Sie täglich und nicht erst am Lebensende. Ihr Körper dankt Ihnen dies mit guter Gesundheit und Vitalität. Und nur so macht ein langes Leben auch Spaß. Alt und krank zu sein, ist wohl ein wenig erstrebenswerter Zustand.

So erhalten Sie Ihre Organe fit und leistungsfähig

Es ist wie bei einem Auto: So allmählich beginnen die einzelnen Teile zu altern, zu rosten oder sind nicht mehr funktionsfähig. Auch unsere Organe unterliegen einem Verfallsprozess. Das Leben ist sofort zu Ende, wenn ein lebenswichtiges Organ, wie etwa Herz, Lunge, Niere oder Leber, völlig und irreparabel ausfällt. In der Tat sterben die meisten Menschen an Organversagen. Das schwächste Organ bestimmt den Todeszeitpunkt. Doch dieser Verfallsprozess ist kein »Privileg« der späteren Lebensjahre. Er beginnt bereits mit der Geburt! So richtig wahrgenommen wird dieser Abbau allerdings erst zwischen dem 30. und 40. Lebensjahr; vorher interessiert er kaum jemanden. Auch treten in diesem Alter die ersten Alterserscheinungen auf, die zu Beschwerden führen oder äußerlich unangenehm auffallen, wie beispielsweise dünner und grau werdende Haare, Falten, Vitalitätsabbau und so fort. Es ist wissenschaftlich erwiesen,

dass praktisch ab etwa dem 30. Lebensjahr alle Körperfunktionen abnehmen, beim einen Menschen mehr, beim anderen weniger.
Alle Organsysteme zeigen die folgenden typischen Altersanzeichen:

- Abnehmende Leistungsfähigkeit, etwa unter Belastung (Sport), nach »Sünden«, beispielsweise zu fettes Essen, zuviel Alkohol etc. Was man in jungen Jahren noch locker wegstecken konnte, wird zunehmend zur Belastung.
- Mangelnde Fähigkeit zur Anpassung an äußere Bedingungen (z. B. Strahlung, Temperatur, Licht, Schall, chemische, mechanische, aber auch seelische Belastungen). Typisch sind Probleme bei Wetter- oder Klimawechsel oder längere Regenerationsphasen nach Belastungen.
- Anfälligkeit für Erkrankungen. Sind bereits erste Organschäden aufgetreten, haben Krankheitserreger leichtes Spiel.

Kommt nun noch eine zu hohe Arbeitsbelastung einzelner Organe dazu, so führt dies zwangsläufig zu einem schnelleren Verschleiß und damit schnellerer Alterung. Für den Körper wird es immer schwieriger, das innere Gleichgewicht aufrechtzuerhalten.
Doch wer seine Organe nur schont, tut zu viel des Guten. Eine gewisse Grundaktivität ist für alle Organsysteme notwendig, um in Übung zu bleiben. Der Mensch ist nicht auf Trägheit und Inaktivität programmiert. Es gilt, einen vernünftigen Kompromiss zu finden. Die folgenden Hinweise sind ein kurzer Leitfaden, wie Sie Ihre Organe möglichst pfleglich behandeln.

Gnadenlos verrät die Haut das Alter. Sie ist der Spiegel der inneren und äußeren Verschleißprozesse. Achten Sie daher auf Ihre Ernährung, Ihr Fitnessprogramm und ausreichend Schlaf. Seien Sie kritisch bei Kosmetika. Sie können innere Sünden vielleicht überdecken, aber nicht ungeschehen machen

Haut

Die Haut spiegelt am deutlichsten den Alterungsprozess. Mit fortschreitenden Lebensjahren wird sie dünn und faltig und verliert an Elastizität, da das Netzwerk elastischer Fasern, das die junge Haut wie Gummibänder durchzieht, nachgibt. Das hat seine Ursache unter anderem darin, dass die Bindegewebsmoleküle sich vernetzen, feste Bindungen eingehen und der Wassergehalt geringer wird. Die Fettpolster in der Unterhaut gehen verloren, was den Körper und insbesondere das Gesicht nicht mehr so voll und frisch wie bei einem Kind aussehen lässt. Die vermehrte unkontrollierte und ungleichmäßige Einlagerung des körpereigenen Sonnenschutzpigments Melanin erzeugt die überaus unerwünschten braunen Altersflecken. Ablagerungen von Lipofuszingranula, Hauteinlagerungen aus Eiweiß und Cholesterin, bilden ebenfalls braune Flecken. Doch wer das Geheimnis der Lebensenergie kennt, kann auch seine Haut lange jung erhalten. Wie bereits ausgeführt, ist jeder Vorgang im Körper nur begrenzt häufig wiederholbar. Das gilt auch für die Teilungsfähigkeit der Hautzellen. Das Gesetz der Hautalterung ist daher sehr einfach: Alles, was eine Zellteilung beschleunigt, beschleunigt auch den Alterungsprozess.

So bleibt Ihre Haut lange jung

Die folgenden Empfehlungen beruhen auf der Biologie der Haut und garantieren ein jugendliches Aussehen bis ins hohe Alter.

- Vernünftiges Sonnenbaden

Die UV-Strahlung im Sonnenlicht bewirkt, dass sich die Hautzellen schneller teilen und somit auch schneller altern. Die Strahlung erhöht also den Takt der Zellteilung und treibt damit den Alterungsprozess voran. Körperteile, die das ganze Jahr hindurch bedeckt sind, altern weniger (etwa die Haut an den Unterarmen im Vergleich zu der an den Oberarmen). Häufiges und exzessives Sonnenbaden, insbesondere wenn es mit einem Sonnenbrand einhergeht, führt zu einem häufigen Wechsel der Hautschichten. In jungen Jahren sieht die braune, noch glatte Haut durchaus sexy aus, doch die Rechnung wird später in Form einer vorschnellen Hautalterung präsentiert. Sprödigkeit und Falten stellen sich gerade nach exzessiven Sonnenbädern in der Jugend extrem schnell ein; irgendwann beginnt die Haut im Zeitraffer zu altern, und da helfen dann auch keine Kosmetika mehr.

- Meiden Sie Peelingkuren

Durch eine Abschälkur (Peeling) wird versucht, rasch eine neue und zarte Hautschicht wieder hervorzuzaubern. Doch die Haut altert dadurch nur noch rascher, da die Zellteilung immer weiter angeregt wird. Während mechanische Schleifkörnchen wie Mandelkleie oder Jojobawachskügelchen lediglich die äußersten

Hautschichten entfernen, greift eine neue Generation von Schälkuren wesentlich tiefer in den Hautstoffwechsel ein.
Es ist der als Superfaltenkiller gepriesene Wirkstoff AHA (α-Hydroxy-säure, nach dem englischen **A**lpha-**h**ydroxy **a**cid), eine Säure, die in verschiedenen Formen in Früchten vorkommt.
Diese Fruchtsäuren dringen zwischen die Hornzellen der obersten Hautschicht und lösen dort die Kittsubstanz. Sie wirken also wie ein chemisches Peeling und ätzen die alte Hautschicht regelrecht ab. Trockene alte Schüppchen werden abgestoßen, frische, viel Feuchtigkeit enthaltende Zellen kommen zum Vorschein. Gleichzeitig wird die Zellneubildung in den tieferen Hautschichten stimuliert. Es kommt ebenfalls zur Neubildung von festigendem Kollagen. Diese Fruchtsäuren kurbeln also den natürlichen Hautkreislauf an. Tatsächlich sieht die Haut dadurch kurzfristig glatter, geschmeidiger und samtiger aus. Doch muss diese verjüngende Wirkung täglich aufs Neue stimuliert werden, da sie nur kurzfristig anhält. Das hat seinen Preis in späteren Jahren: Irgendwann beginnt die Haut rasant schnell zu altern, da ja die Geschwindigkeit der Zellerneuerungsvorgänge und damit der Abnutzungserscheinungen angekurbelt wurde. Zudem reagiert eine mit Fruchtsäure behandelte Haut sensibler auf äußere Reize. Da die schützende Hornschicht durch dieses chemische Peeling dünner wird, reagiert die Haut empfindlicher auf UV-Strahlung, Sonnenlicht und andere Kosmetika und kann dadurch weiteren Schaden nehmen.

Fruchtsäuren und Sonnenlicht beschleunigen den Hautalterungsprozess, da sie die Zellteilung anregen. Eine Zelle kann sich aber nur begrenzt teilen und verschleißt mit jedem Teilungsvorgang

• Rauchen Sie nicht
Rauchen führt zu einer beschleunigten Faltenbildung, da es dem Körper das für die Neubildung der Stützsubstanz Kollagen notwendige Vitamin C entzieht. Die Haut vernetzt schneller und sieht dadurch faltig und schrumpelig aus.

• Schlafen Sie ausreichend
Nur während des Schlafens können Fett und Feuchtigkeit in das Unterhautgewebe eingelagert werden. Dadurch wird die Haut wieder prall und rosig. Schlafen ist tatsächlich das beste und billigste Schönheitsmittel für die Haut.

• Achten Sie auf Ihre Ernährung
Die Haut wird von innen über den Blutstrom ernährt und nicht von außen über Cremes und Lotionen, wie uns die Kosmetikwerbung häufig vorgaukelt. Wer seine Haut optimal mit Biostoffen versorgt, schafft die Basis dafür, dass aufgetretene Hautschäden vom Körper rasch behoben werden können.

Die folgende Tabelle gibt eine Übersicht über Hautschönmacher.

Substanz	**Wirkung**	**Enthalten in**
Vitamin A, Betakarotin	Macht die Haut glatt, kräftigt Haare und Fingernägel	einigen Fischarten, Leber, Butter, Käse, gelbem Gemüse und Früchten, Spinat, Feldsalat
Vitamin C	Strafft das Bindegewebe	frischem Obst und Gemüse, insbesondere Zitrusfrüchten
Vitamin E	Beugt altersbedingten Pigmentablagerungen in der Haut vor	pflanzlichen Speiseölen
Ungesättigte Fettsäuren	Machen die Haut geschmeidig und zart	Pflanzenölen, Fischölen
Squalen	Beugt der Faltenbildung vor	Avocados, Haifischöl
Cystein	Verbessert die Hautstruktur	Eier, Milch, Vollkornprodukten
Kalzium	Fördert die Erneuerung von Haut, Haaren und Fingernägeln	Milch(produkten), dunkelgrünem Gemüse (Brokkoli, Kresse, Grünkohl, Löwenzahn), Nüssen
Eisen	Verbessert die Sauerstoffversorgung der Haut (rosige Haut)	rotem Fleisch, Schwarzwurzeln, Süßkartoffeln, Portulak
Zink	Schützt Haut und Haare vor schädlichen Umwelteinflüssen	Austern, Weizenkleie, Edamer, Bierhefe, Sonnenblumenkernen

Kein Diätjojo
Vermeiden Sie es, permanent zu- und abzunehmen Beim Zunehmen wird das Bindegewebe gedehnt, schmelzen die Pfunde, zieht es sich wieder zusammen. Wiederholt sich dieser Vorgang häufig und mit deutlichen Gewichtsschwankungen, wird die Haut schlaff, vergleichbar einem immer wieder gedehnten Gummiband.

Verdauungsorgane

Diese wichtigen Organe arbeiten mit fortgeschrittenem Lebensalter ebenfalls langsamer.

- Die Leber wird schlechter durchblutet und produziert weniger Verdauungssaft, entgiftet daher den Körper nicht mehr so wirkungsvoll.
- Auch Magen und Darm produzieren weniger Verdauungssäfte. Der Verdauungsprozess wird träger.
- Die Bauchspeicheldrüse sondert weniger Insulin ab. Zuckerkrankheit droht.

Doch für die Verdauungsorgane kann man eine Menge tun. Ihre Arbeit hängt in hohem Maß vom »Input«, also der zugeführten Art und Menge der Nahrung ab.
Aber auch seelischer Stress schlägt sich auf den Magen oder Darm, da diese Organe mit Fasern des vegetativen Nervensystems ausgekleidet sind.
Mit den folgenden Tipps bleiben Ihre Verdauungsorgane lange fit:

- Entlasten Sie generell mit einer ausgewogenen, schadstoffarmen und gut verdaulichen Ernährung die Verdauungsorgane.
- Schränken Sie den Fleischverzehr ein, und greifen Sie stattdessen zu Eiweißlieferanten wie Getreide, Nüssen, Vollkorn- und Milchprodukten.
- Essen Sie nicht zu viel! Ein Zuviel kostet unnötige Verdauungsenergie und erzeugt unerwünschte Fettpolster.
- Meiden Sie Hochprozentiges, Scharfes oder Eiskaltes auf nüchternen Magen.
- Achten Sie auf gute Durchblutung Ihrer Verdauungsorgane. Sie lässt sich fördern durch einen Spaziergang nach dem Essen und gute Durchwärmung nachts (ggf. mit einer Wärmflasche).
- Bekämpfen Sie Stress und seelische Spannungen in Ihrem Leben.
- Gehen Sie mit Abführmitteln vorsichtig um, sie schaden langfristig dem Darm, auch wenn sie rein pflanzlich sind.

Muskulatur

Die Muskulatur ist mit einem Anteil von etwa 40 bis 50 Prozent am Gesamtorganismus das größte Organ des Menschen überhaupt. Sie dient der Bewegung, Haltung, Gestik und Mimik des Körpers und bestimmt dadurch ganz wesentlich das altersabhängige Erscheinungsbild eines Menschen. Alterserscheinungen sind hier also besonders auffällig.

Mit fortschreitendem Lebensalter nimmt die Muskulatur ab. Die Muskelfasern, die sie aufbauen, werden weniger und teilweise durch funktionsloses Bindegewebe oder Fett ersetzt. Es bilden sich keine neuen Zellen, da die Zahl der Muskelzellen festgelegt ist und diese sich später nicht mehr teilen können.

Bis etwa zum siebzigsten Lebensjahr hat sich die Muskelmasse im Vergleich zum Zwanzigjährigen im Mittel um etwa 30 Prozent reduziert, wobei es zwischen den einzelnen Muskeltypen erhebliche Unterschiede gibt. Der Muskeldurchmesser und das Verhältnis unterschiedlicher Muskelfasertypen zueinander kann, bezogen auf 100 Prozent beim Zwanzigjährigen, auf rund 55 Prozent bei Hundertjährigen abfallen.

Die Muskelkraft nimmt bis zum fünfundsechzigsten Lebensjahr um etwa 20 bis 40 Prozent ab. In der Summe aller Muskelleistungen hat der Mensch seinen Höhepunkt etwa im Alter von 25 bis 30 Jahren.

Dann sinkt dieser Wert kontinuierlich mit dem Alter ab. Mit 70 liegt sein Wert beim Mann nur noch bei etwa 70, bei der Frau bei 65 Prozent des Maximalwerts. Die Reaktionszeit des Muskels nimmt altersabhängig ebenfalls stark ab. Beim etwa Siebzigjährigen liegt sie rund 50 Prozent unter der eines Zwanzigjährigen.

Trainieren Sie regelmäßig Ihre Muskeln, Sie bleiben dadurch länger jung und vital und beugen zusätzlich der Osteoporose vor

Außerdem klappt die Koordination zwischen Muskulatur und Nervensystem nicht mehr so gut wie in der Jugend. Alte Menschen wirken deshalb leicht etwas »eckig«. Doch dagegen kann man etwas tun:

- Kräftigen Sie durch regelmäßige und dosierte sportliche Aktivitäten – bereits in früheren Jahren – Ihre Muskulatur. Sportmedizinische Untersuchungen belegen, dass bis zum siebzigsten Lebensjahr noch recht ordentliche Trainingseffekte erzielt werden können. Nachher kann man nur noch den Ist-Zustand der Muskulatur erhalten. Beachten Sie die Ratschläge im Kapitel »Sport«.

- Trainieren Sie die oft verkümmerte Muskulatur des Oberkörpers. Gut trainierte Arme sind der beste Schutz vor Knochenbrüchen, da sie einen Sturz gezielt abfangen können.
- Heilen Sie Muskelverletzungen sorgfältig aus.
- Bekämpfen Sie Muskelverhärtungen durch vorsichtige Bewegung und Massage.
- Ernähren Sie sich vollwertig. So bekommt Ihre Muskulatur alle notwendigen Bau- und Betriebsstoffe.

Herz und Kreislauf

Dieses System wird am besten durch regelmäßiges sportliches Training fit gehalten. Das Herz zeigt in seiner Größe eine deutliche Altersabhängigkeit. Beim Zwanzigjährigen liegt das Gewicht bei etwa 260 bis 280 Gramm.

Es steigt bis ins Alter von 50 bis 60 Jahren auf etwa 310 bis 350 Gramm an, um danach ganz dramatisch bis auf 220 Gramm wieder abzusinken.

Der Blutdruck steigt mit dem Alter an, was vermutlich mit Arteriosklerose (Ablagerungen in den Gefäßen) zusammenhängt, wodurch die Blutgefäße weniger elastisch und engvolumiger werden. Auch die Lungenfunktion lässt mit zunehmendem Lebensalter nach. Sowohl die Leistungsfähigkeit als auch die Dehnbarkeit der Lunge nimmt ab; es passt weniger Luft hinein, und so kann weniger Sauerstoff in den Körper gelangen.

Also:

- Achten Sie bereits in jungen Jahren auf ausreichende sportliche Betätigung. Günstig ist Ausdauersport.
- Meiden Sie »ungesunde« Ernährung (siehe Kapitel Ernährung).
- Sorgen Sie für seelische Ausgeglichenheit. Psychostress kann den Herzrhythmus beeinflussen und buchstäblich die Luft zum Atmen nehmen.

Viele Menschen leiden an funktionellen Herzbeschwerden, dabei ist das Herz organisch völlig gesund, arbeitet aber trotzdem nicht richtig. Schuld daran ist das vegetative Nervensystem, das die »Impulse« aus der Psyche weiterleitet und so den Rhythmus durcheinander bringt. Die Ursache hierfür findet man außerhalb des Körpers: Eine belastende Beziehung, Arbeitsüberlastung, Mobbing durch Kollegen, finanzielle Probleme und ähnliches erzeugen einen Dauerstress, der das Herz aus dem Takt bringt. Hier muss Abhilfe geschaffen werden

Sinnesorgane

Die Sinnesorgane lassen im Alter ebenfalls nach. Das Auge verliert zunehmend die Fähigkeit zum guten Sehen in der Nähe, ein Prozess, der sich meist im Alter zwischen 40 und 50 als Alterssichtigkeit bemerkbar macht, aber schon mit zehn Jahren einsetzt. Die Augenlinse wird unelastischer, wodurch die Fähigkeit abnimmt, nahe Objekte scharf abzubilden. Die Linsenfasern verändern ihre Struktur und färben sich gelblich, die Linse wird dadurch undurchsichtiger. Auch die Anpassung an plötzlichen Hell-Dunkel-Wechsel ist erschwert, da die Pupillen langsamer reagieren. Sie können sich im Dunkeln nicht mehr so weit öffnen. Das Gesichtsfeld und die Tiefenwahrnehmung sind ebenfalls eingeschränkt.

Ebenso lässt das Hörvermögen nach. Vor allem höhere Töne werden zunehmend schlechter wahrgenommen.

Wichtigste Ursache ist wahrscheinlich der Verlust an Hörzellen im Innenohr.

Geruch und Geschmack werden mit zunehmendem Alter ebenfalls schwächer. Obwohl diese Sinnesorgane im Vergleich zum Auge in der Einschätzung der meisten Menschen einen geringeren Wert haben, ist ihr Verlust dennoch eine nicht zu unterschätzende Beeinträchtigung, was die Beziehungen alter Menschen zu ihrer Umgebung betrifft. Nicht selten kann er zu Fehlernährung oder Altersappetitlosigkeit führen.

Im Lauf des Lebens nimmt die Zahl der menschlichen Geschmackszellen von 8000 bis 12 000 auf 2000 bis 3000 ab. Die Zahl der Geschmacksknospen reduziert sich von 245 (bei Zehn- bis Zwanzigjährigen) über 208 (bei Fünfundvierzigjährigen) bis auf 88 (bei Fünfundsechzigjährigen).

Die Funktion der Sinnesorgane lässt sich nicht so direkt trainieren wie etwa das Herz, der Kreislauf oder die Muskulatur. Hier hilft eher Schonung und gute Pflege. Für ein einwandfreies Funktionieren dieser wichtigen Organe ist eine ausgewogene Ernährung wichtig, so dass sie über das Blut mit allen wichtigen Nährstoffen versorgt werden. Ferner sollte man seine Sinnesorgane vor einer zu hohen Reizüberflutung (z. B. Lärm, exzessives Fernsehen etc.) schützen.

Nach neueren Erkenntnissen der Wissenschaft können bestimmte Vitalstoffe in der Ernährung gezielt altersbedingten Augenerkrankungen vorbeugen. Die folgende Tabelle gibt eine Übersicht.

Vitalstoff	**Vorkommen**
Vitamin C	Zitrusfrüchte, Paprika, Hagebutten, Petersilie
Vitamin E	Pflanzenöle, Getreidekeimöle, Getreidekeimlinge
Carotinoide (Lutein, Zeaxanthin)	Tomaten, gelbe Rüben, Kürbis, Kohl, Petersilie
Vitamin A	Fischöle, Leber, Eigelb, Milch(produkte)
Riboflavin	Hefe, Getreidekörner, Milch, Käse, Eier
Folsäure	Grüne Blattsalate, Weizenkeime, Rinderleber
Bioflavonoide	Obst, Gemüse
Zink	Fisch, Schaltiere, Fleisch, Milch(produkte), Vollgetreide
Selen	Fische, Fleisch, Sojabohnen, Reis, Sesamsamen, Kokosnuss, Pistazienkerne, Paranüsse, Hummer
Cyst(e)in	Pilze, Kohl, Erbsen, Spinat, Mais, Weintrauben
Taurin	Algen, Pilze
Docosahexaen-säure	Fetter Fisch, Fischöle
Die für die Augen wichtigen Nährstoffe können über die Nahrung oder als Nahrungsergänzungspräparate eingenommen werden. Fragen Sie Ihren Augenarzt!	

Gehirn und Nervensystem

Auch hier zeigen sich mit fortschreitendem Lebensalter auffällige Funktionseinschränkungen. Die Masse des Gehirns nimmt mit dem Alter etwas ab. Ein Zwanzigjähriger hat eine mittlere Gehirnmasse von etwa 1400 Gramm, ein Sechzigjähriger nur noch eine von im Mittel etwa 1335 Gramm. Der Grund: Einmal verloren gegangene Nervenzellen können nicht mehr ersetzt werden, sie wachsen nicht mehr nach. Dieser Verlust betrifft nicht alle Hirnbereiche in gleicher Weise. In manchen Großhirnarealen kann er bis zu 30 Prozent ausmachen. Weiterhin lagern sich mit fortschreitendem Alter vor allem Lipofuszine in den Nervenzellen ein, was zu den so genann-

Trainieren Sie nicht nur Ihre Muskeln, sondern auch Ihr Gehirn, beispielsweise durch Kreuzworträtsel, Kurse an der Volkshochschule oder Gesellschaftsspiele. So bleiben Sie bis ins hohe Alter geistig rege und können ein unabhängiges Leben führen.

ten senilen Plaques führt. Auch nimmt die Versorgung und Durchblutung durch das Kapillarsystem langsam, aber deutlich ab. All diese Veränderungen bewirken Altersvergesslichkeit, Persönlichkeitsveränderungen, mangelnde Anpassungsfähigkeit, Begriffsstutzigkeit, Altersstarrsinn und dergleichen. Doch gerade die Gedächtnisfunktionen lassen sich sehr gut trainieren:

- Durch regelmäßige geistige Betätigung kann man sein Denkorgan bis ins hohe Alter fit und leistungsfähig erhalten.
- Das Stresshormon Kortisol fördert das Absterben von Hirnzellen. Wer zusätzlich noch Kortisonpräparate einnimmt (diese werden oft unnötigerweise verschrieben!), tut seinem Denkorgan nichts Gutes.
- Pflegen Sie soziale Kontakte. Dadurch werden vor allem die komplexen Hirnleistungen trainiert.

Stress und Hirnalterung

Wenn ein Mensch über längere Zeit extrem viel von dem Stresshormon Kortisol bildet, dann beschleunigt dies den Zelltod im Gehirn, fatalerweise gerade im Hippocampus, einem Gehirnareal, das die Gedächtnisleistungen reguliert. Altern begünstigt dieses Absterben ebenfalls. Kommen beide Faktoren, also Stress und Altern, zusammen, so ist das besonders ungünstig. Es findet dann eine Art »Massensterben« im Kopf statt; die Merkfähigkeit lässt spürbar nach. Bei vielen älteren Menschen ist eine solche Situation künstlich geschaffen. Ihnen werden gerne hochdosierte synthetische Kortisonpräparate, zum Beispiel gegen Rheuma, verordnet. Wird eine solche Therapie über längere Zeit durchgeführt, so schadet das auf Dauer dem Gehirn.

Fit mit den natürlichen Biorhythmen

Die Wissenschaft hat schon lange erkannt, dass jedes Geschöpf während seines Lebens von rhythmischen Strukturen beeinflusst

wird. Jeder Mensch und jedes Tier ist dem komplexen stündlichen, täglichen und jahreszeitlichen Rhythmus unterworfen. Diese Rhythmen beeinflussen Leistungshochs und -tiefs, entscheiden über Aktivität und Ruhe und bestimmen ganz allgemein den richtigen Takt im Leben – vorausgesetzt, man hört auf die entsprechenden biologischen Signale.
Amerikanische Forscher haben jüngst herausgefunden, dass der menschliche Leistungsrhythmus aus einer etwa 90- bis 120-minütigen Aktivitätsphase und einer 20-minütigen Erneuerungsphase besteht. Konkret: Alle 90 bis 120 Minuten benötigen Körper und Geist eine kleine Ruhepause, um fit und leistungsfähig zu bleiben. In dieser Zeit findet eine körperliche und psychische Erholung statt, wodurch sich Körper und Psyche vor dem Alltagsstress schützen. Dieser Ruhe-Aktivitäts-Zyklus schützt vor Überlastung oder gar Krankheit und wird deshalb als »ultradiane Heilreaktion« bezeichnet. Der Körper verlangt nach diesen kurzen Ruhephasen, doch oft werden diese Mach-mal-Pause-Signale einfach ignoriert und bis zur Erschöpfung weitergearbeitet – eine Rechnung, die nicht aufgeht. Vorzeitiger Verschleiß und (Stress)Krankheiten sind die Folge.

Die folgenden Signale zeigen, dass eine Pause angezeigt ist:
- Bedürfnis, sich zu strecken und zu bewegen
- Gähnen oder Seufzen
- Trödeln bei der Arbeit
- Vitalsignale: Hunger, Durst, Harndrang etc.
- Gefühl, deprimiert zu sein
- Vergesslichkeit, Flüchtigkeitsfehler

Wann immer Sie solche Signale feststellen, geben Sie ihnen nach, und machen Sie eine Pause. Öffnen Sie das Fenster, strecken Sie sich, machen Sie eine entspannende Atemübung oder, wenn möglich, einen kleinen Spaziergang. Massieren Sie Nacken und Schultern, essen Sie eine Kleinigkeit, oder träumen Sie einfach von Ihrem nächsten Urlaub. Nach einer solchen »ultradianen Pause« werden Sie sich erfrischt fühlen und doppelt so schnell arbeiten. Der Körper kann einzelne ausgefallene Pausen kompensieren,

Wer ohne Pausen durcharbeitet, wird auf Dauer krank. Körper und Geist brauchen nach anstrengender Arbeit Regenerationsphasen, um durch die Anspannung entstandene Schäden wieder zu »reparieren«. Wer sich regelmäßig Ruhephasen gönnt, dem wird auch harte Arbeit oder Stress nicht schaden

nicht aber den permanenten Verzicht auf solche kurzen Regenerationsphasen. Langfristig droht ein körperlich-seelischer Zusammenbruch. Wer sich regelmäßig etwas Ruhe gönnt, vermeidet, dass sich die Lebensbatterie zu schnell entlädt oder gar Löcher bekommt. Außerdem kommen Sie so nach einem stressigen Arbeitstag entspannt nach Hause und haben mehr Kraft für die schönen Dinge des Lebens.

Im richtigen Takt durchs Jahr

Hören Sie auf die Bedürfnisse Ihres Körpers, und wechseln Sie zwischen Aktivität und Ruhephasen. So bleibt Ihr Körper energetisch im Gleichgewicht

Wie in der Natur die Jahreszeiten wechseln, sollte auch ein Mensch seine Aktivitäts- und Ruhephasen danach ausrichten.
In jedem Menschen tickt eine Art innere Uhr, die das periodische Auf und Ab in der körperlichen und geistigen Leistungsfähigkeit bestimmt. Schwankungen sind also normal. Da der Mensch überwiegend durch visuelle Impulse gesteuert wird, in der Sprache der Biologen ein »Augentier« ist, ist ein wichtiger äußerer Taktgeber das Sonnenlicht. Es greift direkt in den Hormonhaushalt des Menschen ein.

Das ist im Jahresverlauf deutlich zu spüren. Die wichtigste Rolle bei der Reaktion des Körpers auf die Sonne spielt die Zirbeldrüse. Das erbsengroße Organ mitten im Gehirn registriert über die Augen als Fühler alle Arten von (Licht)Reizen: die Tageslänge, das Wechselspiel der Jahreszeiten, nach neueren Forschungen vermutlich auch Wärme und Kälte.

Auf Dunkelheit reagiert die Zirbeldrüse mit der Produktion von Melatonin. Dieses Hormon macht müde, sorgt für erholsamen Schlaf und drosselt über eine Reihe weiterer Hormone die körperliche und geistige Aktivität – nachts ein überaus sinnvoller Vorgang.

In den lichtarmen Wintermonaten läuft die Produktion dieses Botenstoffs auf Hochtouren. Es kreisen rund 10 bis 20 Prozent mehr davon im Blut als im Sommer, was das erhöhte Schlafbedürfnis im Winter erklärt. Es ist deshalb durchaus sinnvoll, sich im

Winter mehr Schlaf und Ruhe zu gönnen, allerdings nicht ohne ein gewisses Maß an Bewegung. Nutzen Sie daher besonders klare sonnige Wintertage für sportliche Aktivitäten, gehen Sie aber auch bei schlechtem Wetter an die frische Luft.
Die modernen Textilien eignen sich für jedes Wetter. Scheuen Sie sich aber nicht, früh zu Bett zu gehen und lange zu schlafen. Es wird Ihnen besser bekommen als durch künstliches Licht verlängerte Tage.
Im Tierreich gibt es den Winterschlaf, eine sehr originelle Energiesparmethode. So leben Tiere, die in einen Winterschlaf oder nachts in Lethargie fallen, wie Igel oder Fledermäuse, wesentlich länger als solche, die dauernd aktiv sind. Fledermäuse werden problemlos 20 bis 30, ja sogar 40 Jahre alt, vergleichbar große Hausmäuse hingegen kaum mehr als vier Jahre.

Die winterliche Trägheit ändert sich im Frühjahr, genau genommen bereits ab dem 21. Dezember. Auch wenn die Tage nur um wenige Minuten länger werden – die Zirbeldrüse registriert es und lädt dementsprechend die passende »Hormonsoftware«. Achten Sie deshalb bereits ab Weihnachten auf Frühlingszeichen! So richtig Tempo entsteht, wenn die Tage deutlich länger werden, also im März oder April.
Die Konzentration an Melatonin nimmt nun deutlich ab, und sein Gegenspieler, das männliche Sexualhormon Testosteron (in geringen Mengen auch bei Frauen) wird zum Hauptdrahtzieher im Organismus.
Das erzeugt die berühmten »Frühlingsgefühle«. Wer die Zeichen der erwachenden Natur bewusst wahrnimmt (Fenster öffnen, Spaziergänge in der Natur etc.), profitiert auch für seine Gesundheit. Die Frühlingssonne ist wie eine Hormonkur. Nutzen Sie diese Aktivität im Körper auch für neue Ziele: Im Frühling fällt es besonders leicht, neue Pläne umzusetzen.
Ganz wichtig: Gehen Sie zu jeder Jahreszeit hinaus in die Natur, und beobachten Sie die Veränderungen von Pflanzen, Tieren, Sonnenstand, Luft und Himmel. So nehmen Sie die Impulse der Natur direkt wahr und profitieren von der Kraft der Elemente. Wetterveränderungen dürften Ihnen dann nicht mehr so viel ausmachen.

Panne Frühjahrsmüdigkeit

Doch was ist mit der Frühjahrsmüdigkeit? Rund 40 Prozent aller Menschen klagen gerade im Frühjahr über Abgeschlagenheit, Müdigkeit und Lethargie – also keine Spur von Schwung und Energie. Dieser Zustand existiert weder in den Medizinlehrbüchern noch im Programm der Natur; er ist eine selbstverschuldete Panne, nämlich eine Mangelerscheinung. Wer im Frühjahr müde und schlapp ist, hat in den Wintermonaten seinen Organismus zu sehr vernachlässigt – so die Meinung der Forscher.

Doch auch daran sind in gewissem Umfang wieder die Hormone schuld: Ist es dunkler, hat man mehr Appetit auf Deftiges, Fettes und Süßes, und Wanderungen in Schneetreiben und Nieselregen sind nicht jedermanns Sache. Das veränderte Ernährungs- und Bewegungsverhalten hat Folgen: Der Vitamin- und Mineralstoffgehalt im Blut ist abgesunken, Stoffwechselablagerungen und Fettpolster haben sich gebildet, Kreislauf und Stoffwechsel laufen auf Sparflamme, man fühlt sich müde und schlapp und ist überdies anfälliger für Infekte. Hier hilft ein gezieltes Ernährungs- und Bewegungsprogramm, um wieder fit zu werden.

Mut zum eigenen Lebensstil

Wer sich auf die mit den Jahreszeiten wechselnden Bedürfnisse seines Körpers einstellt, lebt energiemäßig an der Ideallinie und braucht sich um seine Lebensenergie keine Sorgen zu machen. Doch leider wird der Mensch im modernen Berufsalltag permanent auf Hochleistung »getunt« und hat nur wenig Möglichkeiten, die eigene Batterie zu schonen. Hier ist Mut zum individuellen Lebensstil gefragt. Wer sich nicht durch das Leben hetzen lässt, hat am Ende den längeren Atem.

Eines darf in der Jahresplanung nicht fehlen: der Urlaub.

Ein richtiger Urlaub ist wahrscheinlich die beste Versicherung gegen Stress, Krankheit und Müdigkeit. Wissenschaftler empfeh-

len, bei der Urlaubsplanung darauf zu achten, dass biologische Ungleichgewichte im Leben kompensiert werden. Wer also einen eher eintönigen Alltag hat, kann sich durchaus auf eine abwechslungsreiche Kultur- und Abenteuerreise wagen. Er wird von der Kraft der neuen Impulse profitieren. Wer dagegen beruflich viel reisen muss, der sollte sich für einen »Natururlaub« in heimischen Gefilden entscheiden. Er braucht die Ruhe, um die Seele baumeln zu lassen.
Die beste Zeit für einen Urlaub sind Frühling und Herbst, da dann der Körper mit den meisten biologischen Veränderungen konfrontiert wird. Nach neuesten Erkenntnissen sind zwei- bis dreimal im Jahr acht bis zehn Tage ausspannen wirkungsvoller als drei oder vier Wochen am Stück.

Die besten Muntermacher

Sicher kennen auch Sie Menschen, die rund um die Uhr voller Energie und Vitalität sind, deren Leistungskurve offensichtlich keine Einbrüche kennt. Doch niemand hat ein energetisches Dauerhoch. Wer immer engergiegeladen wirkt, versteht sich auf die Kunst des Energiesparens. Solche Menschen lassen nicht zu, dass Ihnen der Alltag zu viel Kraft raubt.
Mit den folgenden Tipps halten auch Sie Ihre Energiekurve im grünen Bereich:

- Schlafen Sie ausreichend! Sie starten dann bereits mit vollem Akku in den Tag.
- Rauben Sie sich Ihre Energie nicht schon in den ersten Stunden des Tages, indem Sie am Morgen ein kräfteverschleißendes Sportprogramm absolvieren, ein schweres Frühstück zu sich nehmen oder sich bereits beim Frühstück streiten. Ein wahrer Energiekiller ist ein Brunch!
- Füllen Sie Ihre über Nacht entleerten Energiespeicher mit einem ausgewogenen Frühstück (z. B. Müsli, Vollkornbrot mit Käse etc.) auf, und trinken Sie ausreichend. Wer am Morgen nur wenig essen kann, sollte baldmöglichst ein zweites Frühstück einlegen. Ansonsten fehlt Ihrer Energiekurve der Aufschwung.

- Nehmen Sie Ihre Mach-mal-Pause-Signale ernst, und gönnen Sie sich eine Entspannungsphase.
- Halten Sie die Abstände zwischen den Mahlzeiten nicht zu groß, und achten Sie bei jeder Mahlzeit auf ausreichend Ballaststoffe. Diese verzögern den Abbau des Zuckers in der Nahrung, wodurch ein zu rasches Absinken des Blutzuckerspiegels vermieden wird. Ein zu stark absinkender Blutzuckerspiegel macht müde und unkonzentriert. Geben Sie Grobgemüse wie Kohl, Kohlrabi, Rettich, Karotten, Sellerie, Fenchel (ungekocht, sofern vertragen) gegenüber Feingemüse wie Blumenkohl, Lauch, Blattsalat und Spargel den Vorzug. Die grobe Textur wird nur langsam verdaut und sorgt dadurch für ein lang anhaltendes Sättigungsgefühl.
- Greifen Sie bei Hunger am Arbeitsplatz keinesfalls zu Süßigkeiten und Schokolade. Dadurch bringen Sie Ihre Energie zwar kurzfristig auf ein Hoch, doch das folgende Tief ist dann umso ausgeprägter.
  Der ideale Business-Snack sind getrocknete Aprikosen. Sie enthalten sowohl löslichen Zucker (als energetische Soforthilfe) als auch langsam ins Blut wandernde lösliche Stärke (für den Langzeiteffekt). Außerdem erhalten Sie so eine Extraportion Betakarotin, Kalium und Eisen.
- Trinken Sie ausreichend! Das hält den Kreislauf in Schwung und macht munter.
- Gönnen Sie sich einen kurzen Mittagsschlaf. Sie werden überrascht sein, wie viel Energie Sie dadurch tanken. Sollte dies nicht möglich sein, so gehen Sie in Ihrer Mittagspause wenigstens kurz an die frische Luft.
- Vermeiden Sie beengende Kleidung, die Ihre Atmung beeinträchtigt. Wer zu flach atmet, wird schnell schlapp und müde. Vergessen Sie auch nicht, Ihr Arbeitszimmer zu lüften.
- Treiben Sie regelmäßig ein wenig Sport – auch wenn es nur ein Abendspaziergang ist. Sie härten sich dadurch gegen Stress ab.
- Setzen Sie sich täglich und auch langfristig private und berufliche Ziele. Forscher haben herausgefunden, dass Menschen mit einem Ziel weniger schnell altern als solche, die Ihren Alltag ziellos im trägen Einerlei verbringen.

Achten Sie auf Ihre tägliche Energiekurve, und vermeiden Sie Energiemangel. Dies ist die beste Versicherung gegen zu rasche Entladung der Lebensbatterie

Günstig ist es, die täglichen, monatlichen, jährlichen Ziele schriftlich , zum Beispiel in einem kleinen Notizbuch, zu fixieren. So programmieren Sie Ihr Gehirn direkt auf den Erfolgskurs und können überdies Erreichtes einfach »abhaken«. Diese Erfolgskontrolle gibt ein Gefühlt der Sicherheit und motiviert zu weiteren Zielen.

Lebensfreude

Energie

als

quelle

Energiesparen ist Lebensgenuss pur. Sie werden es nicht glauben, aber Tätigkeiten wie Musik hören, faul in der Sonne liegen, Kuscheln und Schmusen oder auch mal richtig schlemmen bewahren Ihre Lebensenergie und halten jung.

Das Lustprinzip: Energie aus der Seele

Die Natur hat den Menschen mit Sinnesorganen ausgestattet: Wir können sehen, hören, riechen, schmecken und fühlen. Mehr noch:

Viele Sinneseindrücke erzeugen richtig Lust: der Genuss am Essen, der Spaß beim Sex, die Freude über einen schönen Tag oder die Erfrischung nach einem guten Schlaf. Viele Sinneseindrücke werden im Gehirn positiv eingefärbt. Ein Heer chemischer Substanzen steht bereit, um diese Lustsignale von einer Nervenzelle an die andere weiterzugeben. Im Gehirn wiederum gibt es Zentren zur Aufnahme und Verarbeitung solcher Impulse – sie werden uns bewusst. Das ist biologisch sinnvoll. Die Natur hat gesundheitsfördernde Verhaltensweisen mit positiven Gefühlen besetzt.

Benutzen Sie Ihre Sinnesorgane als Fühler für drohende Energieverluste. Sie warnen zuverlässig vor kräfteraubenden Lebensweisen - sofern man auf sie hört. Erspüren Sie, was Ihnen gut tut und was Ihnen schadet, und handeln Sie danach

Doch viele Menschen haben gelernt, Ihre Lustsignale zu verleugnen und mit anderen Aktivitäten zu kompensieren, beispielsweise mit Arbeit. Oder es wird das Lustprinzip übertrieben: Mag das gelegentliche Rauchen einer Zigarette durch den damit verbundenen Lustgewinn der Gesundheit sogar gut tun, trifft dies auf Kettenrauchen ganz sicher nicht mehr zu.

Wer mit Freude durchs Leben geht, hat die Verbindung zu seiner inneren Kraftquelle hergestellt. Er wird unbewusst seinen Organismus vor unnötigem Energieverschleiß schützen und seine Lebensenergie lange auskosten können.

Das Genussprinzip: die Kraft der Sinneseindrücke

Jeder Mensch ist von Natur aus darauf programmiert zu genießen. Unsere Sinnesorgane stellen die Verbindung zur Umwelt her. Über sie informieren wir uns über drohende Gefahren, wie etwa ein herannahendes Auto oder ein verdorbenes Essen. Doch Sinneseindrücke erzeugen auch positive Empfindungen und fördern das Überleben der Menschheit:

- Ohne die Lust beim Essen würden wir uns nur sehr einseitig ernähren.

• Ohne Spaß beim Sex würden wir uns nicht fortpflanzen. Bewusst empfundene Lust wird zu einer inneren Kraftquelle, die Energie und Lebensfreude für jeden Tag gibt. Das Leben mit allen Sinnen wahrzunehmen, stärkt die Gesundheit und kann helfen, die Folgen von Stress, Hektik und schweren Schicksalsschlägen zu kompensieren; außerdem schont es die eigenen Ressourcen. Sinneslust auf Kosten der Gesundheit ist hier allerdings nicht gemeint.

So werden Ihre Sinnesorgane zu Energie- und Gesundheitsquellen:

- Kuscheln Sie! Zärtlicher Hautkontakt setzt Botenstoffe frei, die so richtig gut tun: High-machende Endorphine und das Oxytocin, der Hormongarant für seelische Ausgeglichenheit und souveränes Auftreten. Gute Laune ist vorprogrammiert. Positive Nebenwirkung: Sie bieten jeder Art von Stress besser Paroli!
- Küssen Sie! Ein britischer Wissenschaftler der Universität Leicester hat herausgefunden: Bei einem intensiven Kuss werden Neuropeptide (Gehirnbotenstoffe) ausgeschüttet, die das Immunsystem munter und aktiv machen. Außerdem werden 250 Bakterien, Viren, Eiweißstoffe und andere Substanzen ausgetauscht, gegen die der Körper Abwehrkräfte bilden muss. Die Immunabwehr wird also trainiert. Vorsicht jedoch bei Menschen mit ansteckenden Krankheiten!
- Tanken Sie Wärme! Spüren Sie die Wärme des Sonnenlichts, nehmen Sie ein warmes Bad, oder gehen Sie in die Sauna. Die gesundheitsfördernde Wirkung von Saunawärme auf Körper und Seele ist gut dokumentiert.
- Tanken Sie Licht! Jeder Mensch ist stimmungsmäßig vom Licht abhängig. Licht dämpft die Ausschüttung des Schlafhormons Melatonin und kurbelt die Sexualhormonproduktion an, macht also so richtig munter. Gehen Sie deshalb möglichst viel ins Freie.
- Hören Sie Musik! Fast jeder Mensch lässt sich durch Musik in eine andere Stimmung versetzen. Finden Sie heraus, welche Musik Ihnen gut tut, und genießen Sie diese, wann immer Ihnen danach zumute ist.

- Riechen Sie! Die Wissenschaft erkennt immer mehr, dass bestimmte Gerüche eine beruhigende, ja sogar heilende Wirkung haben. Finden Sie Ihren Wohlfühlduft heraus, und genießen Sie Ihn zur Entspannung, Belebung oder Aufheiterung, etwa in einer Duftlampe, einem Bad, einer Körperlotion oder einem Parfüm.
- Genießen Sie beim Essen. Essen soll nicht nur gesund sein, sondern auch gut schmecken. Verbannen Sie getrost gesunde Lebensmittel, wenn sie Ihnen nicht schmecken. Begehen Sie gelegentlich eine »Ernährungssünde«; essen Sie zum Beispiel Schokolade, fetten Kuchen oder Pommes mit Majonnaise – und genießen Sie dies so richtig. Dann tun Sie sogar etwas für Ihre Gesundheit. Begehen Sie aber nicht permanent diese Sünden!

Das Glücksgefühl, das mit solchen Empfindungen einhergeht, erzeugt eine Menge Glückshormone (Endorphine), die gesund und leistungsfähig machen. Erwiesenermaßen haben auch die Zellen des Immunsystems »Ohren« für die Endorphine und werden dadurch angeregt. Glück stärkt also die Abwehrkräfte.

Angst als Energieräuber

Viele Menschen haben den Wunsch, gesund zu leben, begehen dabei aber einen großen Fehler: Sie leben ständig in Angst, etwas falsch zu machen. Teilweise ist dies das Ergebnis einer Flut von halbwissenschaftlichen Publikationen mit Gesundheitsratschlägen. Psychologen sprechen schon vom »over-advice-Syndrom«. Wer sich permanent um seine Gesundheit und sein Wohlbefinden sorgt, der behindert den normalen Energiefluss im Körper und beraubt sich damit seiner Kraft. Die häufigsten Fallen sind:

- Fitnesswahn

Viele Menschen verwechseln Leistungssport mit körperlicher Aktivität. Sport wird heute immer häufiger zu einer schweißtreibenden Angelegenheit, die streng nach Plan und ohne Rücksicht auf die jeweilige Befindlichkeit durchgeführt wird. Eine solche Aktivität ist nicht unbedingt gesundheitsfördernd, sondern kann

sich sogar lebensverkürzend auswirken. Um sich gesund zu bewegen, muss man sich nicht unbedingt quälen. Spielerische Bewegung, die Spaß macht, und Bewegung, die im Alltag leicht zu integrieren ist, wie beispielsweise Treppensteigen oder Spazierengehen, sind ein Plus für die Gesundheit. Sanfter Sport heißt die Devise!
Sehen Sie daher Ihre sportlichen Aktivitäten nicht als ein Pensum an, das sie um jeden Preis bewältigen müssen, sondern als ein Vergnügen. Wählen Sie Sportarten, die Ihnen Freude machen. Wer sich im Alltag bereits ausreichend bewegt (Kinder!), braucht kein starres Fitnessprogramm.

Übertreiben Sie gesundheitsfördernde Verhaltensweisen wie zum Beispiel Sport oder den Verzehr von Vitaminen nicht ! Aus dem Nutzen wird sonst schnell eine echte Gefahr für Ihre Gesundheit

- Gesundheitswahn

Gesundheitsratschläge haben derzeit Hochkonjunktur – kaum eine Illustrierte oder Tageszeitung ohne Gesundheitsspalte. Bedingt durch den immer schnelleren Fortschritt in der Wissenschaft wandeln sich auch die Tipps fürs Wohlbefinden. Am häufigsten geht es dabei um die Ernährung.
Ärzte beobachten mittlerweile ein Krankheitsbild, das als »klinisches Ökologiesyndrom« bezeichnet wird.
Aufgeschreckt durch Panikmeldungen in der Presse werden oft monatelang für die Ernährung wichtige Lebensmittelgruppen gemieden, zum Beispiel Hering, grüner Salat oder Käse etc. Die Betroffenen sind jedoch der Meinung, sich besonders gesund zu ernähren, dabei wird ihre Gesundheit geschwächt. Es fehlen dann Nährstoffe wie etwa Zink und Omega-3-Fettsäuren oder Magnesium und Kupfer. Oft werden solche Defizite in einer normalen Blutuntersuchung übersehen.
Immer mehr Menschen glauben auch, dass Gesundheit eine geistige Dimension habe.
So gibt es alle möglichen »Ernährungsvorschläge«, bei denen häufig ganze Kategorien wichtiger Nahrungsmittel wie Tierprodukte, Eier, Milchprodukte etc. weggelassen werden, um dadurch spirituelles Wachstum zu erlangen. Wer sich einer solch einseitigen Ernährung verschreibt, sollte wissen, dass er damit seinem Körper wichtige Bau- und Betriebsstoffe vorenthält. Außerdem ist spirituelles Wachstum eine Folge entsprechender Lebenserfah-

rungen, die nur auf dem Boden einer vollwertigen Ernährung gedeihen können.

Prüfen Sie neue Ernährungskonzepte daher immer auf ihre Vollwertigkeit.

Achten Sie also auf die individuellen Bedürfnisse Ihres Körpers, und hören Sie auf seine Signale. Meiden Sie jede Einseitigkeit in Ihrer Ernährungs- und Lebensweise. Sie sind somit auch besser auf neue Erkenntnisse der modernen Wissenschaft vorbereitet und müssen nicht gleich Ihr ganzes Konzept umstoßen.

Wer mit wachen Sinnen seine Nahrung auswählt, kann kaum etwas falsch machen.

Diätwahn

Für viele Menschen gehört der Blick auf die Waage und in die Kalorientabelle zum täglichen Leben. Akribisch werden Kalorien ausgerechnet, wird um jedes Kilogramm Körpergewicht gefeilscht, um dem Ideal eines ultraschlanken Körpers zu entsprechen. Jedes Essen wird als Bedrohung des Idealgewichts aufgefasst und ist so letztlich Kampf statt Genuss.

Eine Schlankheitsdiät folgt der anderen, oft nur mit mäßigem Erfolg für die Körperproportionen, aber tiefen Spuren in der Seele.

Wer so jede Mahlzeit mit schlechtem Gewissen zu sich nimmt, schädigt seine Verdauungsorgane und wird trotz Idealgewicht langfristig krank, nämlich aus Angst vor den Kalorien. Wenn Essen keinen Spaß mehr macht, ist in der Psyche einiges falsch programmiert. Die folgenden Fakten sollen Ihnen diese Angst nehmen:

- Zahlreiche genetisch festgelegte Programme machen hungrig auf Süßes und Fettes und dick – die Überlebensstrategie aus früheren Zeiten. An ein Leben inmitten von Burgern, Müsliriegeln und Pommes mit Majo im Überfluss bei Bewegungsmangel ist der Stoffwechsel (noch) nicht angepasst. Außerdem ist die Zahl der Hungermechanismen größer als die der Sättigung. Man wird schneller hungrig als satt – ebenfalls ein Überlebensprogramm der Vergangenheit.

- Es gibt für jeden Menschen ein idividuelles Wohlfühlgewicht, der eine ist dabei dicker, der andere dünner. Dieser Wert bestimmt grundlegend das Gewicht.
- Wissenschaftlich fest steht nur, dass starkes Übergewicht gesundheitsschädlich ist. Leichtes oder mäßiges Übergewicht hat dagegen keine negativen gesundheitlichen Auswirkungen.

Wer sein Essen bewußt genießt und dabei ein paar Pfund zu viel auf die Waage bringen sollte, lebt eindeutig gesünder als jemand, der um jede Kalorie und jedes Gramm zuviel feilscht. Freuen Sie sich auf Ihre Mahlzeiten, und essen Sie mit allen Sinnen – vor allem: Stellen Sie sich nicht täglich auf die Waage, normale Gewichtsschwankungen beeinträchtigen sonst Ihr Wohlbefinden. Kleiden Sie sich schick, und betonen Sie Ihre Vorzüge, dann werden Sie bald ein paar Pfund zu viel vergessen.

Energiefallen

und

erkennen

vermeiden

Wer weiß, wo Energieverluste drohen, kann rechtzeitig einer vorzeitigen Entladung der Lebensbatterie vorbeugen. Machen Sie also einen Lebens-TÜV, und finden Sie heraus, wo Ihre Energie hingeht.

Das Leben soll Freude bereiten, und dazu gehört auch so manches Laster, das in vernünftigem Maß nicht schadet. Eine Gefahr besteht nur, wenn eine die Gesundheit beeinträchtigende Lebensweise zur täglichen Gewohnheit wird.
Wer aber solche Energiefallen kennt, kann sich gezielt schützen und sogar aus Lastern einen Gesundheitsfaktor machen.

Genussmittelmissbrauch

Das Rauchen von Zigaretten und Zigarren ist eine weit verbreitete Angewohnheit. Etwa 40 Prozent der weiblichen und 60 Prozent der männlichen Bevölkerung sind Raucher. Es ist in erster Linie eine Frage der Dosis, ab wann das Zigarettenrauchen gesundheitsschädigend wirkt.
Wie mittlerweile hinlänglich bekannt ist, enthält der Rauch einer Zigarette viele potentiell gefährliche Substanzen, vor allem Nikotin, Teer, Kohlenmonoxid, Schwermetalle und sogar radioaktive Substanzen. Diese auch die Mitmenschen beeinträchtigende Gewohnheit ist also alles andere als gesundheitsfördernd. Nikotin macht körperlich und psychisch abhängig.
Die Gefahren und Risiken sind mittlerweile bekannt, und erste Klagen gegen Zigarettenhersteller wurden in den USA schon eingereicht.
Rauchen kostet rund 1,8 Millionen Menschen pro Jahr vorzeitig das Leben (Statistik der WHO von 1991). Ein Päckchen Zigaretten pro Tag reduziert die durchschnittliche Lebenserwartung um sieben, zwei Päckchen pro Tag bereits um 15 Jahre.
Im Interesse eines möglichst langen Lebens sollte also auf aktives und passives Rauchen verzichtet werden. Wer nur gelegentlich raucht und dies mit einer gewissen Lust tut, dem wird dies sicher nicht entscheidend das Leben verkürzen. Auch bestimmt die individuelle genetische Anlage, wie viel vertragen wird. Wer über eine kräftige Konstitution verfügt, selten krank ist und auch sonst keine Risikofaktoren aufweist, kann sich mehr erlauben als ein beispielsweise mit einer angeborenen Herz- oder Lungenschwäche vorgeschädigter Mensch.

Jedes Laster hat zwei Seiten: Es schenkt Lebensgenuss, ist aber für den Körper eine Belastung. Wer hier den goldenen Mittelweg findet, wird lang Freude am Leben haben, ohne unter Verlustgefühlen zu leiden. Genießen Sie - aber machen Sie auch wieder einen Punkt!

Exzessiver Alkoholkonsum

Alkohol in Maßen genossen hat eine überaus positive Wirkung auf den Organismus und schützt durch seine blutverdünnende Wirkung sogar vor Herz- und Kreislaufleiden. Ein Glas Wein oder Bier am Abend sind in Ordnung, außer bei Alkoholikern, Schwangeren, Lebergeschädigten, Menschen mit Erkrankungen des Gehirns oder bei psychischen Leiden. Exzessives Alkoholtrinken führt jedoch unweigerlich zu Organschäden und einem vorzeitigen Verschleiß des Organismus. Das Nervensystem und die Leber reagieren mit krankhaften Veränderungen und vorzeitiger Alterung. Die Haut wird dünn, fleckig und faltig. Alkoholabhängigkeit ist typisch für Menschen, die besonders stressanfällig sind und sich nicht richtig entspannen können.
Missbräuchlicher Alkoholkonsum ist also ebenfalls ein Faktor, der in der Bilanz der Jahre negativ zu Buche schlägt. Ähnliches gilt auch für Drogenkonsum und Medikamentenmissbrauch.

Zu üppiges Essen

Auch Übergewicht reduziert die Lebenserwartung ganz beträchtlich. Laut Statistik sinkt pro ein Prozent Übergewicht die Lebensdauer um rund 0,2 Jahre (oder genau 62 Tage). Wer statt 70 rund 85 Kilogramm wiegt, hat eine um etwa 3,5 Jahre geringere Lebenserwartung. 35 Kilogramm Übergewicht bringen eine um ca. 150 Prozent höhere Sterblichkeit. Außerdem begünstigt Übergewicht zahlreiche Krankheiten.

Durch Fettsucht begünstigte Krankheiten

Die folgenden Krankheiten treten bei übergewichtigen Menschen meist doppelt so häufig auf wie bei Normalgewichtigen: Bluthochdruck, koronare Herzerkrankungen, Fettstoffwechselstörungen, Diabetes mellitus (Zuckerkrankheit), Gicht, Gallensteine, Eingeweidebrüche, Arthrosen, Venenerkrankungen, Menstruationsanomalien, Thrombosen, Gehirndurchblutungsstörungen.

In zahlreichen Versuchen hat sich gezeigt, dass Mäuse und andere Tiere durch eine Hungerdiät länger leben. Eine Reduktion der Futterration kann dazu führen, dass die hungernden Tiere doppelt so alt werden können wie ihre normal gefütterten Artgenossen. Der Stoffwechsel der Hungertiere wird drastisch gedrosselt. Reduziert man beispielsweise die Futterzufuhr bei Mäusen um etwa 40 Prozent, leben die kalorienreduzierten Mäuse ca. 30 Prozent länger als ihre normal fressenden Artgenossen.

Verschiedene Forscher haben bestätigt, dass generell eine Minderzufuhr an Energie lebensverlängernd wirkt. Natürlich muss eine solche Kost ausreichend Nährstoffe enthalten.

Wissenschaftler am National Institute of Aging in Baltimore wollen nun herausfinden, ob sich auch bei Affen, den nahen Verwandten des Menschen, die maximale Lebensdauer durch eine kalorienarme Diät verlängern lässt. Bisherige Ergebnisse zeigen, dass diesen Tieren eine dreißigprozentige Kalorienreduktion nicht geschadet, sondern vielmehr ihre Fitness erhöht hat. Zudem waren die Diättiere weniger oft krank als ihre ungehemmt fressenden Artgenossen.

Ob man solche Ergebnisse auf den Menschen übertragen kann, ist noch nicht erwiesen. Tatsache ist jedoch, dass normalgewichtige Menschen im Allgemeinen gesünder sind als übergewichtige. Ob sie auch länger leben, konnte noch nicht bestätigt werden.

Wer dieses Experiment am eigenen Leib ausprobieren möchte, dem sei folgende Warnung mit auf den Weg gegeben: Menschen, die täglich weniger als 1200 kcal (5016 Kilojoule) essen, also eine geradezu asketische Kalorienreduktion vornehmen, führen ihrem Körper zu wenig Vitamine, Mineralien und Spurenelemente zu. Nach einiger Zeit können schwer wiegende Mangelerscheinungen auftreten.

Frauen droht überdies Unfruchtbarkeit. Sehr viel besser sind eine ausgewogene, bedarfsdeckende Kost und regelmäßiges Essen. Das macht auch mehr Spaß!

Stress und Ehrgeiz

Es ist paradox: Heute betragen die durchschnittlichen Arbeitsstunden nur noch rund 15 Prozent der gesamten, einem Menschen zur Verfügung stehenden Zeit! Zu Beginn unseres Jahrhunderts nahm der Arbeitsalltag 30 Prozent der Zeit in Anspruch. Noch nie hatten die Menschen also so viel Freizeit und Urlaub wie heute. Und dennoch gab es noch nie so viel gestresste und chronisch kranke Menschen!

Durch das hohe Tempo unseres modernen Lebens entsteht bei vielen das Gefühl, nie Zeit zu haben.

Typisch hierfür ist das Phänomen des »Workaholic«. Dies sind Menschen, die einfach nicht mehr aufhören können zu arbeiten. Ihr Tag ist vollgepackt mit Terminen und Aktivitäten. Vielfach genießen solche Personen Ansehen und Bewunderung, da sie häufig (aber nicht immer!) beruflich sehr erfolgreich sind. Dieser Kick von Erfolgserlebnis und Leistung macht süchtig und verlangt nach mehr. Doch bei den Betroffenen hat sich das Arbeiten verselbstständigt. Es dient nicht mehr primär der Sicherung des Lebensunterhalts, sondern ist oft zu einer Flucht geworden – zum Beispiel vor einem belastenden Privatleben, Minderwertigkeitsgefühlen, innerer Leere, Lebensangst usw. Eine solche Lebensweise fordert einen hohen Preis, mag sie auch noch so viel Geld und Anerkennung bringen: Die Lebensbatterie entlädt sich dramatisch schnell, die Lebensspanne wird verkürzt. Ein derart leckender Lebenstank macht sich mit der Zeit auch im Alltag bemerkbar: Der Betroffene fühlt sich häufig müde, erschöpft und ausgebrannt, Energie und Schwung fehlen. Oft wird dieses Gefühl aber durch das Arbeitshigh überdeckt und jahrelang nicht wahrgenommen. Nach einigen Jahren Marathon droht aber ein körperlicher und seelischer Zusammenbruch.

Wer seine beruflichen und privaten Ziele zu ehrgeizig verfolgt, wird schnell an dem Burn-out - Syndrom leiden und sich ausgebrannt und leer fühlen.

Es gibt nur eine Möglichkeit, aus diesem Kreislauf auszubrechen: Machen Sie sich bewusst, dass Sie energetisch über Ihre Verhältnisse leben und Ihr Leben nicht länger wird, wenn Sie die Nachtstunden mit Aktivität füllen.

- Planen Sie in Ihren Tag arbeitsfreie Zeit ein, in der Sie entweder nichts tun oder ein paar Entspannungsübungen machen.

- Nutzen Sie Ihre Freizeit gezielt für Ihre körperliche und seelische Regeneration.
- Gehen Sie an einem sonnigen Tag einfach hinaus in die Natur, wenn Sie Ihre Arbeit genauso gut später oder am nächsten Tag erledigen können. Die meisten Betriebe haben eine gleitende Arbeitszeit, die sich hierfür sinnvoll nutzen lässt.
- Bedenken Sie, Erholungspausen für den Körper lassen sich nicht aufschieben und später nachholen.

Wer lange leben möchte, darf die Stressproblematik nicht auf die leichte Schulter nehmen. Beneidenswert sind jene Zeitgenossen, die mit einem so guten Nervenkostüm ausgestattet sind, dass ihnen selbst der größte Stress nichts anhaben kann. Doch die meisten Menschen leiden heutzutage unter den Anforderungen des Alltags. Vielfach werden dann Beruhigungs- oder Schlafmittel geschluckt, um Ruhe in den Körper einkehren zu lassen. Doch diese Ruhe ist trügerisch. Letztlich ist nur das Stresssymptom ausgeschaltet worden. Unter der Oberfläche brodelt es weiter, und wichtige Lebensenergie geht verloren.
Wer mit Stress richtig umzugehen lernt, macht sich ein Geschenk von unschätzbarem Wert: Lebensjahre! Und dieses Geschenk kann nur von Ihnen selbst kommen!
Wenn Sie sich erst einmal aus der Tretmühle befreit haben, werden Sie feststellen, wie schön das Leben wirklich ist. Je bewusster Sie leben, desto langsamer tickt Ihre biologische Uhr.

Unrealistische Lebensziele

Viele Menschen opfern ihre körperliche und seelische Gesundheit einer ungewissen Karriere und einem hohen Einkommen.
Vielfach setzen sich Menschen aus allzu großem Ehrgeiz berufliche Ziele, die sie aufgrund ihrer Persönlichkeitsstruktur oder der allgemeinen wirtschaftlichen Lage nicht erreichen können.
Wessen Stärke eindeutig im Handwerklichen liegt, wird möglicherweise in einem Akademikerberuf Probleme haben. Wer dennoch einen solchen Weg einschlägt, muss häufig bis an die Gren-

zen seiner Fähigkeiten gehen und treibt damit regelrecht Raubbau mit seiner Gesundheit. Besser ist es, realistische Ziele, die zu den eigenen Fähigkeiten und Talenten passen, ins Auge zu fassen. Wer Freude und Erfüllung in seiner Tätigkeit findet, für den ist der Alltag weniger anstrengend und der ist auch seltener krank als jemand, der seinen Job eher widerwillig oder nur unter größter Anstrengung tut. Auch Eltern sollten ihren Kindern nie einen beruflichen Weg aufzwingen.

Hilfen

und Gesund

aus Apotheke

heitsladen

Dank der Erkenntnisse der modernen Medizin können heute auch kleinere Sünden in der Lebensführung wieder ausgebügelt werden. Eine solche Nachbesserung ist eine große Hilfe im hektischen Alltag, sollte aber nicht zu Leichtsinn im Lebensstil verleiten.

Die Versuchung ist groß, sich möglichst viele Lebensjahre nur durch das Einnehmen eines entsprechenden Präparats erkaufen zu wollen, wird doch für solche »Hilfen aus der Apotheke« viel Werbung betrieben.

Doch die Lebensuhr tickt – wie geschildert – nicht nach Vitaminen und Mineralien oder Hormonen, auch nicht nach Stunden oder Jahren, sondern nach Energieeinheiten.

Diese Energie ist nicht käuflich. Sie befindet sich bereits in Ihrem Besitz. Alles, was Sie tun müssen, um lange jung zu bleiben, ist Energie zu sparen. Dennoch ist die Vorstellung, sich Jugendlichkeit einverleiben zu können, weit verbreitet.

Der Ansatz ist richtig: Ein optimal ernährter Körper altert langsamer. Allerdings funktioniert das nicht in gleicher Weise wie das Auffüllen des Autotanks mit Treibstoff.

Die Ernährung muss in der Summe stimmen, die isolierte Zufuhr eines Stoffs kann meist nur wenig ausrichten.

Außerdem hat jeder Mensch seine individuellen Bedürfnisse, das heißt, er braucht seinen eigenen »Lebenssprit«, also eine typgerechte Versorgung. Doch die bisherigen Empfehlungen zu Vitaminen & Co. sind nicht falsch.

Sie erlauben eine »Nachbesserung«, wenn der Organismus durch ein zu hohes Lebenstempo – freiwillig oder unfreiwillig – schon vorzeitig abgenutzt ist.

Indem man ergänzt, was fehlt, können Verschleißerscheinungen in gewissem Umfang gebessert werden. Schließlich geht es primär darum, die Lebensjahre in Wohlbefinden und guter Verfassung zu verbringen und nicht von allen möglichen Beschwerden geplagt zu werden.

Hier ist es vollkommen in Ordnung, sich die Erkenntnisse der modernen Medizin und Alternsforschung zunutze zu machen und dem Körper »auf die Sprünge« zu helfen – allerdings gezielt und mit kompetenter Hilfe.

Hormone und Antioxidanzien

Hormone

Zwei Hormone stehen derzeit im Kampf gegen das Altern an vorderster Front, das Schlafhormon Melatonin und das Nebennierenhormon DHEA (siehe Kapitel 3). Wie beschrieben sind Hormone spezifisch wirkende Botenstoffe, die immer eine Alles-oder-nichts-Reaktion auslösen, unabhängig davon, ob der Körper diese Reaktion braucht oder nicht. Hormone sollten daher nur nach Beratung durch einen kompetenten Arzt eingenommen und keinesfalls selbst verordnet werden. Das Leben kann länger werden, aber auch kürzer!

Ein Hormon greift in einer sehr viel tiefergehenden Weise in den Stoffwechsel ein als beispielsweise Vitamine und Mineralien, die zwar an der Herstellung eines Hormons beteiligt sein können, niemals aber dessen Wirkung haben.

Die Wirkung eines Hormons tritt schneller ein als die eines Vitamins oder Minerals. Daher sollte man vorsichtig mit diesen hochwirksamen Biomolekülen umgehen.

Sie sollten auch nie über den von der Natur vorgesehenen, physiologischen Wert dosiert werden.

Die Auswirkungen exzessiver Hormonzufuhr auf den menschlichen Körper sind derzeit noch kaum untersucht.

Ferner sollte man Hormone nie in zu jungen Jahren schlucken (außer bei Vorliegen einer entsprechenden behandlungsbedürftigen Krankheit).

Wissenschaftler empfehlen, Hormone frühestens ab einem Alter von etwa vierzig Jahren einzunehmen.

Hormone sind in Deutschland rezeptpflichtig, nicht aber in einigen EG-Nachbarländern und in Amerika. Sie werden daher gern gemäß entsprechender Empfehlungen der Laienpresse als »Urlaubssouvenir« mitgebracht.

Wem allerdings wirklich ein Hormon fehlt, der kann durch gezielte Hormongaben deutlich an Lebensqualität gewinnen.

Hormone können tatsächlich dem Altern vorbeugen, aber nur wenn sie vom Körper gebraucht werden . Auskunft gibt eine ärztliche Untersuchung

Antioxidanzien

Im natürlichen Stoffwechselgeschehen, aber insbesondere unter erhöhter Belastung für den Organismus (hohes Lebenstempo!) bilden sich im Körper freie Radikale.
Diese aggressiven Teilchen fallen beim lebensnotwendigen Vorgang des Atmens kurzzeitig als notwendiges Zwischenprodukt an und können sich durch Beschleunigung des Stoffwechsels (z. B. bei Hektik, Stress, exzessivem Sport) anreichern. Schadstoffe, wie Umweltgifte und das Rauchen, Röntgen- oder UV-Strahlung, begünstigen die Radikalbildung noch. Auch chronische Entzündungen, Virus- und Bakterieninfektionen oder psychosozialer Stress erhöhen das Potential an freien Radikalen.
Diese aggressiven Teilchen können die empfindlichen Strukturen, wie Zelloberflächen, Fettsäuren oder Vitamine, angreifen und zerstören. Der Alterungsprozess wird durch derartige Schäden begünstigt. Die Haut beispielsweise bekommt Falten, wenn die Collagenschicht zerstört wird, im Auge entstehen Ablagerungen bis hin zum grauen Star, die Haarfollikel bilden weniger Farbpigmente und lassen das Haar farblos oder grau werden, Gefäße werden »löchrig« und degenerieren, Gefäßleiden oder gar ein Infarkt können entstehen. Auch das Gedächtnis lässt nach. Einige typische Altersleiden, wie die Parkinson- oder Alzheimer-Krankheit, multiple Sklerose, Muskeldystrophie, Arthritis, Durchblutungsstörungen, Schlaganfall, Herzinfarkt oder grauer Star, werden durch freie Radikale mitverursacht.
Die natürliche und beste Waffe gegen die freien Radikale sind die Antioxidanzien, das heißt hauptsächlich die Vitamine A, C und E sowie das Spurenelement Selen, aber auch die so genannten sekundären Pflanzeninhaltsstoffe. Dies sind Farb-, Geschmacks- und Geruchsstoffe in Pflanzen. Die meisten Antioxidanzien kommen in Obst und Gemüse vor. Der reichliche Verzehr dieser Nahrungsmittel beugt oxidativem Stress vor. Helfen Sie mit einem Präparat nach, wenn Ihre augenblicklichen Lebensumstände mit einer hohen Produktion an freien Radikalen verbunden sind. Bemühen Sie sich aber gleichzeitig, Ihre Lebensumstände zu ändern.

Vitamine, Mineralien und Spurenelemente

Vitamine

Vitamine gelten derzeit als die populärsten Verjüngungsmittel. Allein in Deutschland geben die Menschen rund 700 Millionen Mark jährlich für Vitamin- und Mineralstofftabletten aus. Die meisten dieser Produkte funktionieren aber nach dem Gießkannenprinzip. Es ist von jedem Vitamin etwas drin, meist aber in einer geringen Dosis, die auch keinen Schaden anrichtet. Deshalb können derartige Produkte auch bedenkenlos verkauft und geschluckt werden.

Es ist unbestritten, dass es mit fortschreitendem Lebensalter in manchen Bereichen zu einem erhöhten Vitaminbedarf kommt. Der alternde Organismus kann auch, bedingt durch ein Nachlassen der Magen- und Darmschleimhautfunktion viele Stoffe aus der Nahrung nicht mehr optimal aufnehmen, so dass durch eine Höherdosierung der jeweils fehlenden Vitamine und Mineralien die ausreichende Versorgung gewährleistet werden muss. Ein Nachhelfen mit entsprechenden Präparaten ist hier also durchaus sinnvoll und fördert die Gesunderhaltung des Organismus. Auch über Stresssituationen, Zeiten besonderer Anspannung sowie bei Infektionsgefahr kann man sich mit einem Vitamindoping »retten«.

Treiben Sie es bunt! Buntes Obst und Gemüse enthält reichlich sekundäre Pflanzeninhaltsstoffe – Bioaktivstoffe, die im Körper stressbedingte Verschleißerscheinungen wieder ausbessern und so zu jugendlichem Aussehen verhelfen

Mineralstoffe und Spurenelemente

Mineralien sind die anorganischen Bestandteile aller pflanzlichen und tierischen Gewebe. Sie können im Körper selbst nicht produziert, müssen also von außen zugeführt werden. Sie spielen bei praktisch allen Lebensvorgängen eine Rolle: So sind bestimmte Mineralien wie Kalzium an den Gerüst- und Stützsubstanzen des Körpers, wie Knochen oder Zähne, beteiligt, werden Natrium, Kalium und Kalzium für die Entstehung und Weiterleitung von Nervenimpulsen benötigt oder ist Zink Bestandteil von rund

300 Enzymen. Auch sorgen diese Substanzen dafür, dass die Körperflüssigkeiten weder zu sauer noch zu alkalisch sind und die Gewebe »prall« aussehen. Je nach dem Anteil der Mineralien an der Körpersubstanz unterscheidet man Mengenelemente (üblicherweise als Mineralstoffe bezeichnet) und Spurenelemente. Zu den letzteren zählen Kupfer, Zink, Mangan, Kobalt, Molybdän, Selen, Jod und Fluor.

Ältere Menschen haben oft einen erhöhten Bedarf an diesen Stoffen, da sie sie meist nicht mehr optimal aus der Nahrung aufnehmen können.

Es ist dann sinnvoll, mit Tabletten nachzuhelfen. Da die Mineralien praktisch alle wasserlöslich sind, wird ein Zuviel wieder ausgeschieden. Vergiftungserscheinungen sind dennoch möglich, insbesondere bei den Spurenelementen. Sie müssen sorgfältig dosiert werden. Daher sind die Anweisungen des Arztes bzw. die der Packungsbeilage genau zu beachten. Eine Überdosierung hat noch einen weiteren Nachteil: Für die Ausscheidung ist die Niere zuständig; eine unnötige Zufuhr belastet also dieses Organ zusätzlich.

Gründe für einen erhöhten Bedarf bzw. einen Mangel an Vitaminen und Mineralien:

- Stressbedingte Stoffwechselentgleisungen, beispielsweise durch Arbeitsüberlastung, Ärger, Trauer, Liebeskummer etc.
- Vergiftungen des Körpers mit verschiedenen Stoffen, beispielsweise mit Arzneimitteln, Umwelt- oder auch Lebensmittelgiften (Konservierungsstoffe, Farbstoffe etc.)
- Einseitige Ernährung
- Minderwertige Kost (Fastfood, Fertiggerichte, Diätprodukte)
- Meiden wichtiger Nahrungsmittel aus Angst vor Schadstoffen (»Tschernobyl-Syndrom«)
- Lebensweise mit hoher Strahlenexposition (meist beruflich bedingt, z. B. Bauarbeiter, Personal auf Schiffen, Extremsportler etc.)
- Allgemeinerkrankungen, die mit einer schlechten Resorption von Vitalstoffen einhergehen (Magen-Darm-Erkrankungen, Schwäche der Bauchspeicheldrüse)

- Schwangerschaft, Alter
- Alkoholismus (Leberschaden)
- Erhöhter Verbrauch von Biostoffen durch Infektionen, Tumore, Stress, Leistungssport, nach Operationen und Verletzungen
- Konsum von Arzneimitteln, wie beispielsweise Abführ- und Entwässerungsmittel, krampflösende Mittel, Antibiotika, Pille

Auch wenn Mineralien und Vitamine relativ »harmlos« sind, sind sie keine isoliert wirkenden Stoffe, sondern immer Teil einer ganzen Stoffwechselkette bzw. eines Stoffwechselnetzwerks. Wenn man an einer Schraube dreht, dreht man gleichzeitig auch an vielen anderen.

Bei empfindlichen Menschen bzw. bei bereits vorliegender Erkrankung kann es so zu Schäden kommen. Es nützt wenig, nach eigenem Gutdünken ein Multivitaminpräparat im Supermarkt zu kaufen. Zunächst sollte von einem kompetenten Arzt durch eine Blutuntersuchung festgestellt werden, welche Stoffe dem Körper tatsächlich fehlen, und nur diese sind dann gezielt zu substituieren.

Dadurch lassen sich vorzeitige Altersbeschwerden hinauszögern, und die Gesundheit wird stabilisiert.

Allerdings sollten solche Pillen keinesfalls eine Nachbesserung oder gar Ersatz für eine »schlampige« Lebensführung sein.

Häufig gehen Vitamin- und Mineralstoffmängel – insbesondere bei jüngeren Menschen – auf Nachlässigkeiten im Umgang mit dem eigenen Körper zurück (z. B. Ernährungsfehler, zu wenig Erholungspausen).

Und genau hier, an der Ursache also, sollte saniert werden. Das ist langfristig kostengünstiger und wirkungsvoller als ein ständiges Nachbessern der entstandenen Mängel.

Auch wenn Vitamine und Mineralien im Ruf stehen, unschädlich zu sein, sollten sie nicht bedenkenlos geschluckt werden. Jedes Zuviel ist eine Belastung für den Organismus

Täglicher Bedarf an Vitaminen und Mineralstoffen
(Nach DGE, Empfehlungen für die Nährstoffzufuhr, 1991)

Angegeben sind ferner Nahrungsbeispiele, die den Tagesbedarf an Vitaminen und Mineralstoffen enthalten.

Vitamine	enthalten	in z. B. (Durchschnittswerte)
Vitamin A	1,0-1,1 mg	55 g magerer Leberwurst, 300 g frischen Aprikosen, 350 g Suppenhuhn, 100 g Aal, 10 g Tierleber
Beta-Carotin	1,5-6 mg	100 g gekochten Karotten, Spinat, Brokkoli
Vitamin D	5 µg	100 g Heilbutt, 100 g Thunfisch, 80 g Hering, 70 g Sardinen, 100 g Kalbfleisch
Vitamin E	12 mg	21 g Sonnenblumenöl, 40 g Maiskeimöl, 90 g Olivenöl
Vitamin K	70-80 µg	60 g Kopfsalat, 10 g Grünkohl, 200 g Erbsen, 200 g Rotkohl, 20 g Spinat
Thiamin	1,3-1,6 mg	100 g Schweinemuskelfleisch, 75 g Weizenkeimen, 300 g parboiled Reis, 240 g Haferflocken, 150 g Erbsen
Riboflavin	1,7-1,8 mg	60 g Tierleber, 1000 g Spinat, 1000 g Brokkoli, 800 g Champignons
Niacin	18-20 mg	300 g Heilbutt oder Makrele, 200 g Hühnerfleisch, 150 g Truthahnfleisch, 200 g Rindfleisch
Vitamin B_6	1,8-2,1 mg	200 g Sardinen oder Makrelen, 200 g Tierleber, 200 g Lachs, 200 g Hafer
Folsäure	300 µg	40 g Vollkornknäckebrot, 100 g Weizenbrot, 150 g Rosenkohl, 200 g Erbsen, 150 g Grünkohl
Vitamin B_{12}	3 µg	100 g Seelachs, 50 g Hering, 30 g Makrele, 10 g Tierleber, 150 g Rinderfilet, 100 g Camembert
Vitamin C	75 mg	55 g roher Paprika, 100 g Blumenkohl, 150 g Apfelsine, 200 g rohen Zuckererbsen
Biotin	30-100 µg	100 g Tierleber, 150 g Sojabohnen
Pantothensäure	6 mg	70 g Hering, 100 g Tierleber, 150 g Mungobohnen, 230 g Steinpilzen

Mineralstoffe		
Kalzium	800-1200 mg	500 ml Milch, 140 g Mozzarella, 90 g Edamer, 80 g Emmentaler, 50 g Parmesan, 400 g Grünkohl
Kalium	1000 mg	400 g Fenchel, 300 g Spinat, 300 g Apfelsinensaft, 400 g Bananen
Magnesium	350-400 mg	180 g Hirse, 200 g Portulak, 250 g weißen Bohnen, 150 g Sojabohnen, Mineralwasser, je nach Sorte
Natrium	2000-3000 mg	In allen zubereiteten Speisen reichlich vorhanden
Silizium	20-30 mg	10 g Haferflocken, 20 g Gerstengraupen, 30 g Petersilie
Phosphor	800 mg	150 g Parmesan, 150 g Schmelzkäse, 450 g Lachs, 250 g weißen Bohnen

Spurenelemente		
Eisen	10-12 mg	120 g Tierleber, 300 g Kalbsfilet, 300 g Kaninchenfleisch, 180 g Haferflocken, 140 g Pfifferlingen, 400 g Erdbeeren
Zink	15 mg	10 g Austern (essbarer Anteil), 140 g Edamer, 200 g Tierleber, 350 g Rindfleisch (Muskel), 120 g Weizenkeimen
Jodid	180-200 µg	25 g Lebertran, 100 g Seelachs, 80 g Schellfisch, 300 g Makrele, 150 g Garnelen oder Miesmuscheln
Fluorid	1,5-4,9 mg	200 g Lachs, 300 g Hering, 500 g Kartoffeln
Kupfer	1,5-3,0 mg	120 g Austern, 40 g Tierleber, 180 g Hirse, 50 g Kokosnuss, 150 g Weizenvollkornbrot
Mangan	2,0-5,0 mg	150 g parboiled Reis, 100 g Heidelbeeren, 200 g Preiselbeeren, 8 g schwarzem Tee, 50 g Weizenkeimen
Selen	20-100 µg	200 g Tierleber, 200 g Scholle, 80 g Hummer, 100 g Austern, 150 g Weizenvollkornbrot
Chrom	50-200 µg	100 g Weizenvollkornbrot, 200 g Mais, 100 g Hartkäse
Molybdän	75-250 µg	120 g Weizenkeime, 200 g Mais, 150 g Haferflocken

Vitaminverluste durch Zubereitung

Durch die Zubereitung können Vitamine zerstört werden. Die folgende Tabelle gibt eine Übersicht.

Vitamin	**Maximaler Verlust beim Kochen in %**	**Max. Verlust beim Grillen und Braten in % (* keine Angaben)**	**Lichtempfindlichkeit x: empf., xx: sehr empf., –: kein Einfl.**	**Luftsauerstoffempf. x: empf., xx: sehr empf., –: kein Einfl.**
Vitamin A	40	*	xx	xx
Beta-Carotin	30	*	xx	xx
Vitamin D	40	*	x	xx
Vitamin E	55	*	x	xx
Vitamin K	5	*	–	–
Vitamin B_1	80	20-40	x	x
Vitamin B_2	75	10-20	xx	–
Niacin	70	10-30	–	–
Vitamin B_6	50	0-40	xx	x
Vitamin B_{12}	*	*	xx	x
Folsäure	100	*	–	–
Pantothensäure	50	20	–	–
Vitamin C	100	*	x	xx
Biotin	60	*		

So ergänzen Sie Ihre Nahrung richtig

1. Ermitteln Sie Ihre eigene Software fürs Altern. Jeder Mensch altert nach den Besonderheiten seines Stoffwechsels. Je länger die eigenen Regelkreise funktionsfähig bleiben, desto wirksamer lässt sich das Altern hinauszögern. Lassen Sie von einem kompetenten Arzt einen Stoffwechselcheck durchführen, und helfen Sie bei Bedarf mit einem entsprechenden Mittel gezielt nach. Hierfür kommen insbesondere Vitamin- und Mineralstoffpräparate, manchmal auch ein Hormonpräparat in Frage. Die folgenden Stoffe sind gute Biomarker für den Alterungsprozess: Vitamin A, Vitamin B_{12}, Vitamin B_6, Folsäure, Vitamin D, Vitamin E, Eisen, Kupfer, Magnesium, Selen, Zink, Glutathion, Dehydroepiandrosteon, Homocystein, Testosteron, Östrogen. Man weiß, dass die Menge dieser Stoffe im Körper sowohl das Altern als auch das subjektive Wohlbefinden beeinflusst. Füllt man einen abgesunkenen Spiegel wieder auf, so lassen sich jugendlicher Schwung und Wohlbefinden deutlich verbessern. Man sollte aber nur das ergänzen, was wirklich fehlt.
2. Überprüfen Sie, ob Ihre Ernährung genügend Biostofflieferanten, wie Obst, Gemüse, Vollgetreide und Milchprodukte, enthält, und vermeiden Sie Qualitätsverluste bei Einkauf, Lagerung und Zubereitung der Lebensmittel.
3. Achten Sie beim Kauf eines Nahrungsergänzungspräparats auf anerkannte Markenprodukte, insbesondere wenn es sich um Pflanzenextrakte handelt. Kaufen Sie bevorzugt in der Apotheke, und verlangen Sie hier eine gezielte Beratung.
4. Lesen Sie die Packungsangaben genau. Die einzelnen Präparate unterscheiden sich oft erheblich im Wirkstoffgehalt.
5. Wenn Sie ein Multivitaminpräparat wählen, achten Sie darauf, dass auch die teuren Vitamine wie Biotin, Vitamin B_{12} und Folsäure enthalten sind. Dies spricht für eine erhöhte Sorgfalt des Herstellers.
6. Schlucken Sie nie Megadosen eines Einzelstoffs über längere Zeit. Sie gefährden damit Ihre Gesundheit.
7. Versuchen Sie nie, schon länger bestehende gesundheitliche Probleme durch eine selbstverordnete Nahrungsergänzung zu therapieren, sondern begeben Sie sich in ärztliche Behandlung.

Geriatrika

In Apotheken, Drogerien und Supermärkten gibt es zahlreiche Präparate, meist Pflanzenextrakte, die den Alterungsprozess positiv beeinflussen sollen, so genannte Geriatrika.
Diese Mittel haben zweifelsohne eine positive Wirkung, vorausgesetzt, es handelt sich um anerkannte Markenprodukte, die nicht durch Pestizide oder Schwermetalle belastet sind. Diese Gefahr besteht bei Produkten aus Entwicklungsländern oder solchen, die übers Internet oder Telefon-Hotlines vertrieben werden.
Echte Verjüngungsmittel bleiben wohl ein nicht realisierbares Ziel der pharmakologischen Forschung. Dennoch ist die Wissenschaft gegenüber den Alterserscheinungen nicht hilflos geblieben. Es gibt mittlerweile sehr viele chemische Substanzen, die das Altern und den Tod tatsächlich hinauszögern, indem sie vorzeitige Verschleiß- und Ausfallserscheinungen reparieren und ihnen auch in gewissem Umfang vorbeugen. Es handelt sich hierbei sowohl um die klassischen Medikamente, die in vielen Notfällen eingesetzt werden und lebensrettend sind, wie beispielsweise blutverdünnende Mittel bei Herzinfarkt, Schmerzmittel oder Antidepressiva, als auch um Präparate zur körperlichen und geistigen Leistungssteigerung. Sie erhöhen die Lebensqualität des älteren Menschen.
Zu den Pflanzenstoffen, die zu solchen Geriatrika verarbeitet werden, zählen vor allem Auszüge aus Knoblauch, Zwiebeln, Ginsengwurzeln, Melisse, Baldrian, Weißdorn, Weizenkeimen, Mistel, Johanniskraut, Anis, Wacholder, Majoran und Rosskastanie, die teilweise mit Vitaminen, Mineralien und Spurenelementen versetzt sind. Viele dieser Pflanzen, wie Melisse, Baldrian, Weißdorn und Mistel, enthalten auch geringe Mengen an Melatonin, was also den guten Schlaf und damit den Erholungseffekt des Organismus begünstigt. Im Folgenden werden drei Klassiker unter den Geriatrika vorgestellt.

Knoblauch ist schon lange für seine lebensverlängernde Wirkung bekannt. Die moderne Forschung konnte dies bestätigen

Knoblauch: Diese Pflanze wurde schon bei den Ägyptern und Römern geschätzt, um Arzneimittel gegen zahlreiche Beschwerden herzustellen. Knoblauchpräparate beeinflussen nachgewiesenermaßen positiv die Fließeigenschaften des Blutes, indem sie das Blut »verdünnen«. Sie senken ferner den Blutdruck und wirken sich günstig auf die Fettverteilung des Bluts aus. Sie wirken daher vorbeugend gegen verschiedene Formen koronarer Herzerkrankungen (u. a. Arteriosklerose, Herzinfarkt). Die Dosierung sollte jedoch unter vier Gramm pro Tag bleiben. Knoblauch kann in hohen Dosen nämlich durchaus auch unangenehme Nebenwirkungen haben, die sich nicht nur auf den intensiven Geruch beschränken. Bekannt sind Hautreizungen, Durchfall, Blutdruckabfall, Nierenfunktionsstörungen und Asthmaanfälle. Unter Umständen kann es auch zu Übelkeit, Erbrechen und Allergien kommen. Knoblauch ist in sehr vielen Geriatrika enthalten und wird auch in Form geruchsneutraler Kapseln mit gleicher Wirksamkeit angeboten. Es ist nicht falsch, regelmäßig Knoblauch in der täglichen Ernährung zu verwenden.

Amrit Kalash: Ein sehr wirksames Antioxidans ist das in Ayurveda-Läden erhältliche Nahrungsergänzungsmittel Amrit Kalash. Dieses klassische Verjüngungsmittel der indischen Medizin besteht aus Himalaja-Heilkräutern, Früchten und Mineralien. Dieses Produkt stimuliert auch die Abwehrkräfte. Gerade in der kalten Jahreszeit schützt eine ein- oder mehrmonatige Kur damit hervorragend vor Infektionskrankheiten aller Art und stärkt überdies die Stresstoleranz. Das Präparat wird am besten als Fruchtmus (zweimal täglich einen Teelöffel zwischen den Mahlzeiten mit etwas Tee oder Milch) eingenommen. Es kann auch als Tabletten geschluckt werden (jeweils eine morgens und eine abends). Ayurveda-Experten empfehlen Amrit Kalash, das auch in Deutschland in Apotheken erhältlich ist, als Verjüngungs- und Powermittel.

Ginseng: Die Wurzel dieser staudenartigen, anemonenähnlichen Pflanze, die wild in Korea und China wächst, enthält Steroidderivate, also Substanzen, die den Geschlechtshormonen ähneln. In der chinesischen Medizin wird sie als lebensverlängerndes, die Liebesfähigkeit anregendes Tonikum angewandt. Ganz allgemein aktiviert Ginseng den Eiweiß- und Nukleinsäurestoffwechsel (Nukleinsäuren sind die Bausteine der Gene), machen also müde Zellen wieder munter. Außerdem regen nach Forschungsergebnissen Schweizer Wissenschaftler Ginsengbestandteile das Immunsystem an, indem sie das Heer der abwehrbereiten Zellen (insbesondere natürliche Killerzellen, B- und T-Lymphozyten) aufrüsten. Gut belegt ist auch die Steigerung der körperlichen Ausdauerleistung (um etwa drei Prozent). Ginsenginhaltsstoffe optimieren die Energiegewinnung im Muskel. Viele Sportler nehmen Ginseng ein, zumal es nicht als Doping gilt. Dieser leistungssteigernde Effekt ist allerdings bei un- oder wenig trainierten Personen noch ausgeprägter.

Ferner soll Ginseng das Gedächtnis und die Aufmerksamkeit stärken, Appetit und Schlafqualität verbessern und allgemein die Stimmung heben. Ferner erhöht diese Wurzel die Fähigkeit des Körpers, sich an Umweltreize wie Wetterschwankungen und Stress anzupassen. Aufgrund dieser Eigenschaften ist ein Einsatz von Ginseng bei verschiedenen Immunschwächezuständen oder in der Rekonvaleszenz nach viralen oder anderen Infekten sinnvoll.

Eine erst kürzlich abgeschlossene Studie über den Einsatz von Ginseng bei Personen mit Atemwegserkrankungen zeigte, dass die tägliche Einnahme von 200 Milligramm dieses Mittels die Lungenfunktion um 10 bis 15 Prozent verbesserte. Der Sauerstoffgehalt im Blut stieg um etwa 20 Prozent an.Weiterhin soll Ginseng die Blutgerinnung vermindern (das Blut wird flüssiger), die Blutbildung anregen sowie eine cholesterinsenkende Wirkung haben. Ginseng hat sich damit zurecht einen festen Platz in der Reihe der Geriatrika erobert.

Chemische Stoffe: Unter den chemischen Geriatrika sind hauptsächlich Substanzen vertreten, die auf die Gedächtnis- und Gehirnleistung einwirken. Vielfach werden Gehirnbotenstoffe bzw. deren Vorstufen verabreicht, um der altersbedingten Vergesslichkeit entgegenzuwirken. Solche Substanzen müssen aber von einem Arzt nach strenger Indikationsstellung verordnet werden, da sie tief in das Stoffwechselgeschehen des Körpers eingreifen.

Joghurt und Kefir

Diesen beiden Produkten wird lebensverlängernde und jungerhaltende Wirkung nachgesagt. Joghurt wird seit alten Zeiten von den

Völkern des Balkans und Armeniens durch Gärung von eingedickter Milch über Bakterien hergestellt und getrunken. Das hohe durchschnittliche Alter der Bulgaren und anderer Balkanbewohner führte Anfang des 20. Jahrhunderts zu einer Theorie des Nobelpreisträgers I. Metschnikoff (Nobelpreis 1909), der dieses hohe Alter dem starken Konsum von Joghurt zuschrieb. Diese Theorie hat sich aber als nicht haltbar erwiesen. Dennoch ist Joghurt ein sehr wertvolles Nahrungsmittel, das vor allem auf die Darmflora einen günstigen Einfluss ausübt. Da der Darm ein wichtiges Immunorgan und auch für die Entgiftung zuständig ist, fördern alle Produkte, die den Darm fit halten, die Gesundheit und damit ein langes Leben. Am günstigsten ist der Genuss von Naturjoghurt. Joghurtprodukte enthalten oft zu viel Zucker und sind dadurch wenig gesundheitsfördernd.

Auf ähnliche Weise wirkt auch das Milchgärungsprodukt Kefir, an dessen Herstellung neben verschiedenen Bakterien auch Hefen beteiligt sind. Zudem enthalten diese beiden Milchprodukte wertvolles Eiweiß sowie zahlreiche Vitamine und Mineralien, vor allem Kalzium. Regelmäßiger Genuss von Joghurt und Kefir versorgt also den Körper mit wichtigen Bau- und Betriebsstoffen.

Probiotischer und prebiotischer Joghurt

Seit Ende 1995 sind Joghurtprodukte im Handel, auf denen eine Art Buchstabencode und das Wort »probiotisch« prangt. Sie enthalten zusätzlich zu den oder statt der normalen Joghurtbakterien ausgewählte Stämme der Milchsäurebakterien *Lactobacillus acidophilus* und *Lactobacillus casei*.

Diese Bakterienstämme sind natürlicherweise in der menschlichen Darmflora vorkommende Keime und werden ohne irgendeine Manipulation dem neuen Joghurt zugesetzt.

Ihr Zusatzplus: Sie sind besonders resistent gegen Magensäure und Gallensalze und gelangen so in erhöhter Anzahl lebend in den Darm, wo sie auch für eine gewisse Zeit an der Schleimhaut haften bleiben. Lebende Milchsäurebakterien stimulieren das darmeigene Immunsystem und verbessern dadurch die Abwehrkräfte. Diese Keime bilden

Probiotische Joghurtprodukte enthalten lebende Milchsäurebakterien und beeinflussen dadurch die Darmflora positiv. Achten Sie aber auf Zuckerzusätze – dadurch wird die gute Wirkung wieder aufgehoben

ferner eine Barriere gegen bestimmte Krankheitserreger. Manche Stämme können sogar das Wachstum von *Helicobacter pylori*, dem Verursacher einer häufigen Form von Magenschleimhautentzündung, hemmen.
Allerdings können sich die probiotischen Keime nicht auf Dauer im Darm ansiedeln, sondern müssen regelmäßig verzehrt werden.
Generell enthält jeder nicht wärmebehandelte Joghurt eine gewisse Menge an lebenden magensaftresistenten Milchsäurebakterien. Besonders reichlich stecken diese in allen Joghurt-mild-Produkten, hier ursprünglich wegen ihrer Fähigkeit, einen cremigen Joghurt mit mildem Geschmack entstehen zu lassen. Manche dieser Produkte haben so fast die gleiche Wirkung wie ein probiotischer Joghurt.
Der endgültige Beweis über den dauerhaften Gesundheitsnutzen der probiotischen Keime steht noch aus, da es keine Langzeitstudien hierzu gibt. Ernährungsexperten halten es für wirkungsvoller, Milchsäurebakterien aus verschiedenen Lebensmitteln (z. B. aus milchsauer vergorenen Gemüsen) aufzunehmen und durch ballaststoffreiche Kost im Darm anzusiedeln.
Prebiotische Produkte (oft Joghurts) enthalten einen speziellen Ballaststoff, das Inulin. Inulin ist ein unverdauliches Kohlenhydrat aus Fruktoseeinheiten (Fruchtzucker).
Es kommt natürlicherweise in Artischocken, Chicorée und Zichorien- oder Löwenzahnwurzeln vor. Im Gegensatz zu den meisten anderen Ballaststoffen fördern Inulin und sein synthetisches Teilabbauprodukt, die Oligofruktose, selektiv das Wachstum der Bifidusbakterien im Dickdarm. Bifidusbakterien hemmen die Ausbreitung von vielen Krankheitserregern, scheiden immunstimulierende Stoffwechselprodukte aus und fördern die Aufnahme von Kalzium, Magnesium und Eisen im Darm. Um jedoch einen signifikanten Einfluss auf die Bifidusflora nachweisen zu können, müssen solche Ballaststoffe mindestens acht Wochen lang regelmäßig eingenommen werden.
Ernährungswissenschaftler empfehlen jedoch, gleich bei den Grundnahrungsmitteln auf reichlich Ballaststoffe zu achten, die zum Beispiel in Vollkornprodukten, Gemüse, Kartoffeln oder Reis enthalten sind. So sichert man sich ohne großen Aufwand und kostengünstig eine gleichmäßige Zufuhr dieser wichtigen Stoffe.

Esoterische Hilfsmittel

Heute finden immer mehr Hilfsmittel Anerkennung, die vor Jahren noch als »unwissenschaftlich« abgetan wurden. Dazu gehört das ganze Feld der alternativen Therapien, wie etwa Edelsteintherapie, Bachblüten, Aura-Soma etc. Diese Hilfen richten sich nicht unbedingt gegen ein spezielles Krankheitsbild, sondern sollen viel mehr von negativen Spannungen befreien oder den blockierten Energiefluss wieder in Gang bringen. In der Tat zeigen solche Therapien oft beachtliche Wirkung.

Da viele Menschen heutzutage unter Spannungen und Energiemangel leiden, die ärztliche Kunst nicht zu beheben vermag, können solche Präparate hier Abhilfe schaffen. Sie fördern auf jeden Fall eine bewusste Konzentration auf die persönliche Lebensweise und können so manches Fehlverhalten aufzeigen.

Allein schon diese Aufmerksamkeit kann Veränderungen bewirken und zu einem behutsameren Umgang mit den eigenen Ressourcen führen. Dadurch helfen »esoterische« Therapien letztlich, die Lebensenergie dosiert einzusetzen.

Achtung: Versuchen Sie niemals, auf diesem Weg einen bestehenden Krankheitszustand zu therapieren, sondern suchen Sie Hilfe bei einem kompetenten Arzt. Verwenden Sie Bachblüten und Co. nur als Unterstützung. Sie verlieren möglicherweise wertvolle Zeit durch eine solche Eigentherapie.

Manche Menschen neigen zu spirituellen Krisen, in denen sie jeden Kontakt zur Realität verlieren, und sollten mit esoterischen Therapien vorsichtig sein.

Bachblüten

Bachblüten sind ein System aus 38 Blütenessenzen in alkoholischer Lösung. Sie werden tropfenweise eingenommen und sollen negative Seelenzustände und Stimmungen beseitigen. Der englische Arzt Edward Bach (1880-1936), der diese Behandlungsweise entwickelt hat, sah in diesen Disharmonien der Seele die Grundursache für jede körperliche Krankheit. Mit der jeweils richtigen Blütenessenz wird dieser Zustand »weggespült«, so dass keine

Energieblockaden entstehen. Diese Tropfen werden durch Imprägnieren der Lösungen mit der Information der Pflanze im Sonnenlicht hergestellt, enthalten also keine Pflanzenteile als solche mehr. Diese in der wässrig-alkoholischen Lösung gespeicherte Information reicht dem Körper, wieder in eine positive Stimmungslage zu kommen. Bachblüten sind daher eine reine Energiemedizin. Ihre günstige Wirkung wurde vielfach bewiesen. Heute gibt es noch andere Blütensysteme, um negative Seelenzustände zu beseitigen. Die Blütenmedizin ist gut für die Eigentherapie geeignet.
Bachblüten können über Apotheken bezogen werden.

Aura-Soma

Aura-Soma ist eine kombinierte Farb-, Aroma- und Edelsteintherapie, die von der Engländerin Vicky Wall (1918-1991) begründet wurde.
Es handelt sich hierbei um Essenzen auf der Basis von Öl, Wasser oder Alkohol, die pflanzliche und/oder mineralische Inhaltsstoffe enthalten und in die Haut einmassiert oder in die Aura eingefächelt werden.
Sie wirken auf die mentale und spirituelle Ebene eines Menschen ein und können zum Beispiel das Sich-Öffnen für die innere Stimme erleichtern oder eine Energieblockade beseitigen. Sie helfen daher, bisher Unverstandenes im eigenen Leben zu begreifen und überholte Gefühls- und Verhaltensmuster aufzugeben. So können sie den Körper bei der Bewältigung eines Krankheits- oder Schockzustands unterstützen.
Die Essenzen sind farbig und besitzen jeweils einen charakteristischen Geruch. Sie werden je nach dem individuellen Farbempfinden ausgewählt und eignen sich deshalb gut für die Eigentherapie. Die Heilung erfolgt über die Energie der Farbe und des Dufts.
Mit Aura-Soma-Essenzen soll letztlich der Kontakt zur eigenen Intuition und zu einem tieferen Verständnis der eigenen Lebensbedingungen aufgebaut werden. Aura-Soma-Essenzen sind in gut sortierten Apotheken erhältlich.

Bachblüten und Aura-Soma-Essenzen helfen, den Weg zum innerem Gleichgewicht wieder zu finden, ersetzen aber nie eine kompetente ärztliche Behandlung

Physikalische Methoden gegen Energieblockaden

Vor allem die östlichen Kulturen gehen davon aus, dass das Leben durch Energien gesteuert wird, die in bestimmten Bahnen im menschlichen Körper fließen und von denen das gute Funktionieren der inneren Organe abhängt. Diese Energie durchdringt jede Zelle, jedes Gewebe und Organ. Es gibt dafür verschiedene Namen, wie das indische *Prana*, das chinesische *Chi*, das japanische *Ki* oder die *Doshas* in der Ayurvedischen Medizin. Nach deutschem Medizinverständnis spricht man – etwas vage – von der »Lebenskraft«.
Nach der Lehre dieser östlichen Medizinrichtungen gibt es im Körper bestimmte Punkte oder Zonen, die man behandeln muss, um den Energiefluss wieder in Gang zu bringen. Durch die Freisetzung der Energie an diesen Punkten wird die Gesundheit wiederhergestellt und klingen Krankheitssymptome ab.
Die daraus entwickelte und mittlerweile anerkannte Therapierichtung ist die Reflexologie. Man versteht darunter die gezielte Massage bestimmter Reflexzonen am Körper. Am weitesten verbreitet sind die Fußreflexzonenmassage und das Aktivieren der Meridiane.

Die Fußreflexzonenmassage beruht auf der Theorie, dass bestimmte Bereiche der Fußsohle mit entsprechenden inneren Organen in Kontakt stehen. Durch Massieren dieser Zonen wird der Energiefluss zu dem Organ wieder normalisiert und so eine wichtige Voraussetzung für die Heilung geschaffen. Diese Massage kann auch mit Hilfe eines guten Buches als Eigenbehandlung durchgeführt werden.

Aktivieren von Meridianen: Nach der Vorstellung der chinesischen Medizin strömt die Energie durch Bahnen, die sich durch den ganzen Körper ziehen, die so genannten Meridiane. Bei einem gesunden Menschen fließt diese Energie in der richtigen Menge zum richtigen Organ. Ist dieser Strom blockiert, kommt es zu Funk-

tionsstörungen des Organs, die zu Krankheiten führen können. Wenn man diese Meridiane gezielt aktiviert, können Energieblockaden beseitigt werden.
Diese Aktivierung kann durch verschiedene Formen von Akupunktur oder durch Shiatsu, eine Art Druckmassage auf Energiezentren, erfolgen.

Daneben haben sich auch Kombinationen aus Bewegungsübungen und Meditation entwickelt. Durch bestimmte Körperhaltungen und Bewegungsabläufe soll die Konzentration auf die Beherrschung der Sinne und den harmonischen Energiefluss gefördert werden. Dazu gehören Yoga, Qigong oder Tai Chi. Zahlreiche Volkshochschulen, Institute und Fitnessstudios bieten mittlerweile entsprechende Kurse an.
Diese östlichen Bewegungsmeditationen haben ein großes Plus gegenüber unserer westlichen Fitnesswelle:
Sie fördern das Bewusstsein für die eigenen Empfindungen und lehren, dass Körper und Seele eine Einheit sind. So lernt der Mensch behutsamer mit seinen Ressourcen umzugehen. Diese Formen meditativer Gymnastik sorgen ferner für Spannungsabbau im Körper.
Dadurch, dass sie Körper und Seele einbeziehen, führen sie bei regelmäßiger Ausübung zu einem Leben auf einem niedrigeren Stressniveau. Wer solche Übungen zu einem Teil seines Lebens macht, spart ganz erheblich Lebensenergie.

Energie und östliche Lebensweise

Die japanischen Vorstellungen von der Energie im Körper sind eng mit der religiösen Tradition des Shintoismus und des Buddhismus verknüpft.
Hierbei wird bewusst mit der Energie gearbeitet, um Körper, Geist und Seele weiterzuentwickeln und zu höheren Erleuchtungsstufen zu gelangen. Der Mensch wird als Teil der Natur gesehen, der von kosmischer Energie durchströmt und von Umwelteinflüssen, wie Klima, Ernährung und geistigen Faktoren, beeinflusst wird.

Nach den östlichen Medizinvorstellungen bleibt man gesund, wenn die Lebensenergie harmonisch durch den Körper fließt. Mit speziellen Gymnastikübungen kann man hier nachhelfen

Lebt ein Mensch im Einklang mit seiner Umwelt, so kann die Energie ungehindert fließen; Gesundheit und geistige Stärke sind die Folge. Wer gegen die Natur lebt, erzeugt krank machende Energieblockaden. Nach der Theorie der Lebensenergie ist ein harmonischer Energiefluss ein energiesparender Energiefluss, vergleichbar einem optimal eingestellten Motor. Er geht wenig Energie ungenutzt verloren.
Die japanischen Zen-Gärten, die vor dem Hintergrund der buddhistischen Religionsphilosophie entstanden sind, sollen dazu beitragen, den natürlichen Energiefluss (wieder)herzustellen.
Durch die Konzentration auf zum Beispiel bestimmte Anordnungen von Steinen, die Wasser symbolisieren sollen, oder eine Anzahl von ausgerichteten Felsen soll der Betrachter den Blick für die höhere Einheit schärfen und den Zugang zu den natürlichen Kraftquellen finden.
Dieses Gedankengut findet sich auch in der traditionellen japanischen Medizin. Danach sitzt die Lebensenergie im Unterleib, dem *Hara*, genauer an einem Punkt drei Finger breit unter dem Bauchnabel. Von dort aus werden alle Lebensprozesse in Gang gesetzt. Es fördert die Gesundheit, das *Hara* zu kräftigen und dadurch die Energie wieder zum Fließen zu bringen.
Die folgende Übung ist hierbei hilfreich:

Rotieren Sie einen Energieball in Ihrem Bauch!
Durch diese Übung wird das *Hara* stimuliert und die Energie konserviert. Sie eignet sich besonders für Menschen, die sich ständig erschöpft und ausgelaugt fühlen und mehr Energie brauchen. Konzentrieren Sie sich bei dieser Übung bewusst auf Ihren Unterleib.

1. Sie stehen aufrecht und mit leicht gespreizten Beinen; senken Sie die Schultern, lassen Sie die Arme locker hängen, und beugen Sie leicht die Knie.
2. Halten Sie Ihre Hände vor das Becken, die Handflächen nach oben gerichtet; die Finger sind ausgestreckt und berühren sich leicht.

3. Bleiben Sie zwei Minuten in dieser Position stehen; stellen Sie sich dabei einen stetig wachsenden Ball von Energie zwischen Ihren Händen vor.
4. Atmen Sie langsam durch die Nase ein und durch den Mund aus, und beginnen Sie, langsam den Energieball zwischen Ihren Händen vor dem Bauch zu drehen. Wandern Sie dabei mit den geöffneten Händen nach oben. Stellen Sie sich vor, wie dabei die Energie in Ihren Bauch eindringt.
5. Wenn Sie mit den Händen oben – vor den Rippen – angekommen sind, fahren Sie an der Rückseite des Balls über Ihren Bauch wieder nach unten.
6. Wenn Sie wieder in der Ausgangsposition angelangt sind (also vor dem Becken), halten Sie den Energieball kurz von unten und beginnen erneut mit der Rotation.
7. Wiederholen Sie diese Übung dreißigmal.
8. Stellen Sie sich danach vor, dass der Ball sich zu einer kleinen Lichtflamme in Ihrem Unterleib zusammenzieht.
9. Schütteln Sie zum Abschluss kräftig die Hände aus. Sie werden sich frisch und erholt fühlen.

Mit der folgenden Übung können Sie Geist und Körper von Stress befreien. Sie wurde von dem Münchner Zen-Trainer Reverend Radha entwickelt.

Sie sitzen aufrecht auf einem bequemen Stuhl; halten Sie die Augen halb geöffnet, und tun Sie einfach nichts – 20 Minuten lang (Wecker stellen)! Nehmen Sie Ihre Umwelt und Ihre eigenen Gedanken wahr, lassen Sie sie – wie einen Vogel – vorbeiziehen, und bewerten Sie sie nicht. Bei den ersten Versuchen wird Sie diese Übung sicher in Unruhe versetzen, und die 20 Minuten werden zu einer sehr langen Spanne werden. Doch wenn Sie täglich (!) üben, werden Sie bald feststellen, dass Sie Ihr Alltag nicht mehr so viel Kraft kostet und Sie in vielen Situationen gelassener reagieren als bisher.

Grenzen der Selbsthilfe

Die in diesem Buch vorgestellten Lebensregeln sind schonende Methoden, um Gesundheit und Wohlbefinden zu erlangen. Wählen Sie das aus, was zu Ihnen und Ihren Vorstellungen vom Leben passt. Schon kleinste Kurskorrekturen Ihrer Lebensweise in Richtung Energiesparen zahlen sich aus.

Sollte Ihnen Ihr Arzt jedoch abweichende Ratschläge für Ihre Gesundheit geben, so befolgen Sie diese, denn Ihr Arzt kennt Ihre individuellen Gesundheitsparameter und kann Sie gezielt beraten. Suchen Sie bei anhaltender Beeinträchtigung Ihres Wohlbefindens immer einen Arzt auf und wenn folgende Symptome auftreten:

- Länger andauernde Kopfschmerzen oder Schwindel
- Immer wiederkehrende Magen- und Verdauungsbeschwerden
- Blut in Stuhl oder Urin
- Hautveränderungen
- Hartnäckiger Husten mit/ohne Auswurf
- Plötzliche Gewichtsveränderung
- Unklare Verdickungen/Knoten am Körper
- Länger andauernde Müdigkeit/Erschöpfung
- Länger andauernde Schmerzzustände
- Schlafstörungen jeglicher Art

Der Alterscheck

Der Alterungsprozess läuft individuell verschieden ab und ist letztlich genetisch programmiert. Es gibt keine festen Regeln, wann beispielsweise die Haare grau oder die Haut faltig wird. Am besten orientiert man sich an seinen (Groß)Eltern. Wer jedoch in relativ jungen Jahren ausgeprägte Alterungserscheinungen an seinem Körper feststellt, sollte seinen Stoffwechsel überprüfen lassen. Möglicherweise haben sich Fehlfunktionen eingeschlichen.

Check-up Altern
Überprüfen Sie anhand der folgenden Liste, welche Symptome Ihnen im letzten halben Jahr an Ihrem Körper besonders aufgefallen sind, zählen Sie diese zusammen, und lesen Sie die Auswertung.

- Nachlassende Vitalität
- Elastizitätsverlust und Dünnerwerden der Haut
- Verstärktes Auftreten von braunen Altersflecken und roten Äderchen auf der Haut
- Abnehmende Beweglichkeit der Gelenke
- Verstärkte Faltenbildung am ganzen Körper
- Erschlaffung der Muskulatur
- Hauttrockenheit
- Haarausfall
- Kurzatmigkeit
- Auffälliges Nachlassen der Sinnesorgane
- Verschlechterung der Verdauung
- Gewichtszunahme
- Innere Unruhe
- Schlaflosigkeit
- Signale einer Abwehrschwäche
- Depressionen
- Lebensangst

Auswertung: Wenn Sie drei oder mehr der oben genannten Symptome im Verlauf des letzten halben Jahres an sich beobachtet haben und jünger als fünfzig Jahre sind, sollten Sie sich ärztlich untersuchen lassen und Ihr Leben auf alterungsbeschleunigende Faktoren überprüfen.

Checkliste Altern

Auch wenn der Alterungsvorgang stark genetisch programmiert ist, gibt es Faktoren, die ein rasches Altern begünstigen. Dazu gehören:

- Rauchen
- Übergewicht
- Stress und Hektik
- Leistungssport
- Ernährungsfehler
- Schlafmangel
- Permanenter Zeitdruck
- Mangelnde Lebensfreude
- Umweltgifte
- Körperlich harte Arbeit
- Zu wenig Erholungspausen
- Einsamkeit
- Qualitative und quantitative Fehlernährung
- Seelische Probleme über einen längeren Zeitraum

All diese Faktoren sorgen dafür, dass sich Ihre Lebensbatterie mit Rekordgeschwindigkeit entleert oder gar Risse bekommt. Sorgen Sie für Abhilfe!

Bedenken Sie: Das Geheimnis erfolgreichen Alterns liegt letztlich darin, dass man am richtigen Ort zur richtigen Zeit mit den richtigen Genen lebt. Wer das Geheimnis der Lebensenergie kennt, weiß, wie er sein Leben verlängern kann. Doch nicht verbissenes Energiesparen ist angesagt, sondern ein Lebensstil, bei dem man jeden Augenblick bewusst genießt und glücklich und zufrieden ist. Ein hohes Alter ist meist das Ergebnis eines mit Rücksicht auf die eigenen Bedürfnisse gelebten Lebens.

Literaturempfehlungen

Altern allgemein

Fossel, M., *Das Unsterblichkeitsenzym,* Piper, München 1996
Frolkis, V.V., *Mechanismen des Alterns,* Akademie Verlag, Berlin 1975
Hahn, H.P. von, *Das biologische Altern, Erscheinungsformen und Mechanismen des Alterns,* Kurzmonographien Sandoz, Nürnberg 1979
Hayflick, L., *Auf ewig Jung? – Ist unsere biologische Uhr beeinflussbar?* vgs, Bielefeld 1996
Hofmann, I., Prinzinger, R., *Das Geheimnis der Lebensenergie,* Campus, Frankfurt a. M. 1997
Lehr, U., *Psychologie des Alterns,* Quelle und Meyer, Heidelberg 1987
Platt, D., *Handbuch der Gerontologie,* Fischer, Stuttgart 1989
Platt, D., *Biologie des Alterns,* De Gruyter, Berlin/New York 1991
Prinzinger, R., *Das Geheimnis des Alterns,* Campus, Frankfurt a.M. 1996

Bewegung und Sport

Bloss, H.A., Fitness-Lexikon, *Gesundheitssport von A-Z,* Econ, Düsseldorf 1998
Lalvani, V., *Energie und Kraft mit Yoga,* Mosaik, München 1999
Robinson, L., Thomas, G., *Pilates Workout,* Mosaik, München 1999
Shreehy, K., *Die neue Fitneß-Therapie,* Mosaik, München 1998

Ernährung

Carper, J., *Nahrung ist die beste Medizin,* Econ, Düsseldorf 1993
Hamm, M., *Schlank und gesund ohne Diät,* Mosaik, München 1996
Hamm, M., *Gesundheitsschutz aus Obst und Gemüse,* Mosaik , München 1996
Hofmann, I., Carlsson, S., *Kalorientabelle,* Mosaik, München 1998
Hofmann, I., Carlsson, S., *Vitamintabelle,* Mosaik, München 1998
Hofmann, I., Hilgers, A., *Fitmacher fürs Immunsystem,* Mosaik, München 1996
Münzing-Ruef, I., *Kursbuch für gesunde Ernährung, Die Küche als Apotheke,* Heyne, München 1991

Roediger-Streubel, S., *Gesund durch Mineralstoffe und Spurenelemente,* Mosaik, München 1997
Weber, M., Küllenberg, B., *Die typgerechte Ernährung,* Südwest, München 1996

Lebensweise

Dahlke, R., *Lebenskrisen als Entwicklungschancen,* Bertelsmann, München 1995
Ehrhard, U., *Gute Mädchen kommen in den Himmel, böse überall hin,* Krüger, Frankfurt a.M. 1994
Ehrhard, U., *Und jeden Tag ein bisschen böser,* Krüger, Frankfurt a.M. 1996
Fensterheim, H., Baer, J., *Sag nicht ja, wenn du nein sagen willst,* Goldmann, München 1986
Hay, L., *Wahre Kraft kommt von innen,* Alf Lüchow, 1992
Hay, L., John C. Taylor, *Die innere Ruhe finden, Meditation als Weg,* Heyne, München 1992
Norfolk, D., *Nie mehr müde und erschöpft,* Heyne, München 1994
Ornstein, R., Sobel, D., *Gesund durch Lebensfreude,* rororo, Reinbek 1997
Reverend Radha, *Der Zen-Weg des effektiven Managers,* Ullstein, Berlin 1990

Alternative Heilweisen

Dalichow, I., Booth, M., *Das Aura-Soma Praxisbuch,* Goldmann, München 1995
Dougans, I., *Reflexzonenmassage,* Mosaik, München 1997
McFarlane, St., *Tai Chi,* Mosaik, München 1997
Schrott, E., *Ayurveda für jeden Tag,* Mosaik, München 1994
Scheffer, M., *Bach Blütentherapie,* Hugendubel, München 1991
Wall, V., *Aura-Soma – Das Wunder der Farbheilung,* Edition Sternenprinz, Frankfurt a.M. 1995
Woodham, A., Enzyklopädie der Naturheilweisen, Mosaik, München 1998

Glossar

adult	Erwachsen, ausgereift
Alternsforschung	Gerontologie; Lehre von den Grundlagen, den Ursachen und dem Vorgang des Alterns
Altersbeschwerden	Beschwerden, die auf Veränderungen durch das Altern zurückzuführen sind
Antigen	Oberflächenmerkmal, aufgrund dessen der Körper eine Substanz als fremd erkennt
Antikörper	Vom Körper gebildeter Eiweißstoff, der mit einem Antigen reagiert und so einen Eindringling unschädlich macht
Alzheimer-Krankheit	Mit Verblödung, Gedächtnisschwäche, Orientierungslosigkeit etc. einhergehende Gehirnerkrankung, die meist zwischen dem 50. und 60. Lebensjahr auftritt
Angina pectoris	Anfallweises Auftreten von Beklemmung und Engegefühl in der Brust, verbunden mit Atemnot und Todesangst; Zeichen für Sauerstoffmangel des Herzens
Arteriosklerose	»Arterienverkalkung«; mit Verhärtung, Verdickung, Elastizitätsverlust einhergehende krankhafte Veränderung der Arterien
Arthritis	Entzündliche Veränderung der Gelenke
Arthrose	Abnutzungserscheinung der Gelenke
Atrophie	Rückbildung eines Organs oder Gewebes
Autolyse	Nach dem Tod eintretende Selbstauflösung der Zellen durch zelleigene Verdauungsenzyme
Biopsie	Entnahme von Gewebe mit Skalpell, Nadel oder Zange für Untersuchungszwecke
Blutbild	Qualitative und quantitative Zusammensetzung des Blutes
DNA/DNS	Desoxyribonukleinsäure; Träger der genetischen Information (Erbgut) eines Lebewesens

Endothel	Einschichtiges Plattenepithel, das die Herzräume, Blut- und Lymphgefäße auskleidet
Enzym	Eiweißstoff, der in lebenden Organismen chemische Umsetzungen bewirkt; Biokatalysator
Exitus	Ausgang, Ende, medizinisch: Tod
extrinsisch	Von außen kommend/wirkend
Fibroblasten	Eine spezielle Bindegewebszelle
Geriatrikum	Mittel zur Behandlung von Alterserscheinungen mit dem Ziel der Auffrischung und Verjüngung
Geriatrie	Altersheilkunde
Gerontologie	Alternsforschung
Gelee royale	Von Bienen erzeugtes Sekret, das eine Biene zur Königin macht; es wird in vielen Geriatrika eingesetzt und soll das menschliche Wohlbefinden verbessern
Herzinfarkt	Verschluss eines Herzkranzgefäßes
intrinsisch	Von innen kommend
Kanzerogene	Krebs auslösende Stoffe
Lebenserwartung	Statistischer Mittelwert, der angibt, wie hoch die zu erwartende Lebensdauer eines Neugeborenen oder einer bestimmten Altersklasse ist

Die Autorin:
Dr. rer nat. Inge Hofmann studierte Lebensmittelchemie und Biochemie. Sie lebt und arbeitet als Wissenschaftsjournalistin auf den Gebieten Medizin, Ernährung und Gesundheit für Tageszeitungen und Zeitschriften sowie als Dozentin an Volkshochschulen. Die Autorin hat bereits mehrere Bücher im Mosaik Verlag veröffentlicht.

Textredaktion: Irmgard Perkounigg
Design und Layout: Paxmann/Teutsch Bu
Umschlaggestaltung: Heinz Kraxenberger
Umschlagfoto: Monika Wegler
Satz: Paxmann/Teutsch Buchprojekte, Mü
Druck und Bindung: Clausen & Bosse, Lec
Printed in Germany
ISBN 3-576-11331-2